Hildegard von Bingen

Hildegard von Bingen

Ausgewählt von
von Gerhard Wehr

marixverlag

Bibliografische Information der Deutschen Nationalbibliothek
Die Deutsche Nationalbibliothek verzeichnet diese Publikation in der Deutschen Nationalbibliografie; detaillierte bibliografische Daten sind im Internet über
http://dnb.d-nb.de abrufbar.

Lektorat: Dr. Bruno Kern, Mainz
Covergestaltung: Nicole Ehlers, marixverlag GmbH
Bildnachweis: Hildegard empfängt eine göttliche Inspiration und gibt sie an ihren Schreiber weiter, Miniatur aus dem Rupertsberger Codex des Liber Scivias, Buchmalerei, um 1150, ehemals Wiesbaden, seit dem Zweiten Weltkrieg verschollen
Satz und Bearbeitung: C&H Typo-Grafik, Miesbach
Gesetzt in der Stempel Garamond
Gesamtherstellung:
CPI books GmbH, Ulm
Printed in Germany

ISBN: 978-3-86539-286-2

www.marixverlag.de

Inhalt

I. Einleitung

Eine faszinierende Frau

Von Hildegard, der Benediktinerin vom Rupertsberg bei Bingen, geht seit Langem weltweit eine eigentümliche Faszination aus. Sie gilt als eine Lichtgestalt des europäischen Mittelalters. Man rühmt sie als „Schwester der Weisheit", als „Theologin der Weiblichkeit", als „Sibylle vom Rhein", vertraut mit den Kräften und Geheimnissen der von Gott durchwirkten Schöpfung. Dieser seherisch begabten Frau, der sich Hilfe- und Ratsuchende zeitlebens anvertraut haben, schreibt man bis heute ein spirituelles, zugleich lebenspraktisches Heilungs- und Heilswissen zu, das in zahlreichen, ursprünglich lateinisch abgefassten, vielfach übersetzten Werken niedergelegt ist. Zwar hatte man sie samt ihrem reichen literarischen Nachlass einige Jahrhunderte hindurch beinahe vergessen, teils verdrängt, teils verkannt und gering geachtet. Aber ihre Wiederentdeckung in Gestalt einer – freilich nicht immer ganz unproblematischen[1] – Hilde-

1 Als problematisch ist allenfalls eine kurzschlüssig-modernistische Vereinnahmung Hildegards anzusehen, als ließen sich ihre von mittelalterlichen Vorstellungen geprägten Anschauungen mit solchen der heutigen Mentalität vermengen.

gard-Renaissance stellte sich im Laufe des 20. Jahrhunderts ein. Die internationale Hildegard-Forschung, die in einem wesentlichen Teil von Benediktinerinnen im Kloster Eibingen getragen wird, und eine praxisbezogene Hildegard-Rezeption ergänzen einander. Viele lassen sich heute durch die „Hildegard-Medizin", ja sogar durch eine Art „Hildegard-Küche" anregen, ohne freilich zu ahnen, in welchem spirituellen Kontext und vor welchem tiefen geistlichen Horizont ihr Denken und Tun verstanden werden muss. Doch auch Heilige sind nicht vor einer im Vordergründigen bleibenden Vermarktung geschützt.

Man ordnet die durch das Charisma des prophetischen Wortes Ausgezeichnete zwar in die erste Reihe der deutschen Mystikerinnen ein. Dabei hat sie als eine *Mystikerin ganz eigener Prägung* zu gelten. Das zeigen ein Vergleich mit vielen anderen geistbegabten Frauen und Männern der Christenheit und nicht zuletzt ihr reichhaltiges Lebenswerk, ihre aus der geistigen Schau geschöpften Schriften. Dafür spricht die darin sich offenbarende Lebensnähe, die Unmittelbarkeit und Konkretheit, mit der sie die gottgeschaffene Welt in all ihren Kräften und die Gott-Ebenbildlichkeit des Menschen bezeugt sieht. Insofern ist Hildegard so ganz anders geartet als viele ihrer mehr nach innen gekehrten oder durch Ekstasen ergriffenen Zeitgenossinnen, seien es ihre mit ihr befreundete Landsmännin Elisabeth von Schönau oder Herrad von Landsberg, die Äbtissin auf dem elsässischen Odilienberg. Eigengeprägt steht sie späteren Mystikerinnen wie der vom Feuer der Gottesliebe durchglühten Mechthild von Magdeburg gegenüber. Wo sich andere Mystik-

Erfahrene, wie etwa Meister Eckhart, der „Gottesgeburt im Seelengrund“ zuwenden oder wie Heinrich Seuse einer frommen Innerlichkeit anheimgeben, da öffnen sich der Benediktinerin vom Rupertsberg tiefe kosmische Sphären. Gleichzeitig nimmt sie die geheimnisvollen Signaturen wahr, welche die schaffende Gottheit allen Kreaturen eingeprägt hat. Vor allem weiß sie heilkundig mit all dem umzugehen, was ihr sowohl aus der antiken und klostermedizinischen Tradition wie aus der Unmittelbarkeit der Geistesgegenwart zugeflossen ist. Insofern ist Wesentliches, was man in ihren Schriften findet, bereits aus einem reichen Fundus der Überlieferung geschöpft.

Doch was lässt eine Frau des hohen Mittelalters, deren Leben seit früher Kindheit großenteils hinter Klostermauern ablief, noch heute „interessant“ erscheinen? Das dürfte erst annähernd deutlich werden, wenn man sich vor Augen führt, was es heißen mag – ebenfalls seit Kindheitstagen –, mit der Gabe visionärer Wahrnehmung ausgestattet zu sein. Wenn man sich mit Hildegards bisweilen auch einigermaßen befremdenden Einsichten und Aussagen bekannt macht, so stammen sie – von uns durch ein Jahrtausend getrennt – offensichtlich aus einer ganz anderen Welt. Vieles mutet einem Menschen der nachkopernikanischen Zeit befremdlich an. Elementares Erleben und bildmächtige Deutung verlangen in der Gegenwart eine besondere, vielen heute nicht mehr zugängliche Weise des Verstehens. „Nicht das Werk selbst ist also modern, sondern es ist streckenweise für moderne Lesarten offen ...Verschiedene Stellen des Werkes lassen sich heute durchaus auf ökologische und feministische Fragestellungen hin lesen, auch wenn dessen Autorin ... keine

Ökologin und auch keine Feministin sein kann."[2] Aber sollte es ausreichen, bei flüchtigem Hinsehen lediglich „aktuelle Bezüge" festzustellen, indem man bewundert, was alles Hildegard bereits gewusst oder erkannt haben mag? Hildegards Schriften verlangen eine ebenso aufmerksame wie sinnende Betrachtung, bei der die sinnliche Erscheinung und deren geistlich gedeuteter Gehalt als eine Einheit begriffen werden müssen: als Botschaften aus einer Epoche, die ein völlig anderes Gottes- und Wirklichkeitsbild hatte.

Wer daher in Hildegard lediglich eine in sich gekehrte, etwa nur der frommen Übung hingegebene, insbesondere als Frau zu Armut, Gehorsam und Zurückhaltung verpflichtete Nonne vermuten sollte, der wird alsbald eines Besseren belehrt. Hildegard muss man sich durchaus als eine aktive, als eine lebenskundige, eine mit Natur, Mensch und Welt, der Welt Gottes, vertraute, zugleich selbstbewusste Frau vorstellen. Sie kennt sich mit Steinen, Pflanzen, mit allen Formen des Lebendigen aus, um – wie vor ihr keine andere – als Ärztin und Apothekerin dem leidenden Menschen gleich welchen Standes mit Rat und Hilfe beistehen zu können. In ihren theologischen, natur- und lebenskundlichen Schriften entwirft sie – ganz ohne systematisierende Absicht – ein umfassendes, symbolisch gefülltes Bild des physischen wie des bis in die Engelssphären hinaufreichenden spirituellen Universums. Die Widersachermacht in Gestalt des drachenhaften Teufels ist für Menschen des Mittelalters eine nicht zu leugnende Realität! Im Zentrum dieser dennoch von

2 Michaela Diers: Hildegard von Bingen. München 1998, S. 25 f.

Ordnung und Harmonie durchwalteten Schöpfung nimmt sie die der Sonne, dem Gold und dem Quellgrund der Natur verwandte „heilige Grünheit“ (*sancta viriditas*) als ein geistleibliches Lebenselixier und als eine ebenso subtile wie konkrete Wirklichkeit wahr. Davon muss noch gesondert gesprochen werden.

Als Äbtissin zeigt sie sich zur Menschenführung, zur Gründung und Leitung eines Frauenklosters befähigt, und dies bis in ihr hohes Alter hinein. Keine Frage: Innere wie äußere Bewegtheit bestimmen ihr reich angefülltes Leben, in dem Widerspruch und Belastungen aller Art nicht fehlen. Ausgedehnte Predigtreisen gehören – erstaunlich für eine Frau des hohen Mittelalters – wie selbstverständlich zu ihrem geistlichen Arbeitspensum dazu. So hat sie weite Strecken zu Pferd, zu Schiff und zu Fuß angesichts der damaligen Schwierigkeiten zu bewältigen. Als eine des Wortes mächtige Frau, wodurch sie zur „Prophetin“[3] qualifiziert war, scheut sie sich nicht, selbst kirchlichen Würdenträgern zu sagen, was ihr über sie innerlich anvertraut ist. Solche Reisen führen sie von Mainz mainaufwärts nach Franken, an Wertheim, Würzburg und Kitzingen vorbei in die Bischofsstadt Bamberg. Auch in dem Steigerwaldkloster Ebrach hat sie Abt Adam samt seinen Mönchen zu beraten. Das zeigen einige Briefe. Rheinabwärts gelangt sie bis Köln und ins Siegerland, dann nach Lothringen und Schwaben, zu den Klöstern Maulbronn, Hirsau und Zwiefalten.

---

3 Als Prophetie ist einerseits die Fähigkeit zu verstehen, Zukünftiges in bildhafter Form vorauszusagen, andererseits gilt als Prophet oder – wie im Fall von Hildegard – als Prophetin (*prophetissa*), wer der geistlichen Weisung fähig ist und das Wort der Heiligen Schrift zu deuten vermag.

Einige hundert ihrer großenteils erhaltenen Briefe sorgen darüber hinaus für den geistig-geistlichen Austausch. Die Schreiben belegen, dass Hildegard nicht zögert, mit Bischöfen und Päpsten, Königen und Kaisern Kontakt aufzunehmen. Bisweilen geht die Initiative von den Genannten aus. Von Fall zu Fall hält sie nichts zurück, die moralische Verkommenheit der „Geistlichkeit" anzuprangern und selbst hohen weltlichen Regenten ins Gewissen zu reden. Das geschieht mit der ihr eigenen prophetischen Vollmacht. Darüber ist nicht zu vergessen, dass die überaus rührige Frau ein inneres, dem Gebet und der Mystik hingegebenes Leben führt, angefangen beim täglichen Stundengebet und der Regel ihres Ordensvaters Benedikt von Nursia bis hin zu weiteren liturgischen und gottesdienstlichen Obliegenheiten samt dem regelmäßigen Empfang des Sakraments, der Eucharistie. Das Charisma der Vision, das heißt der übersinnlich-geistigen Schau und all dessen, was ihr intuitiv gegeben ist, bringt dieser bedeutenden Zeitgenossin Kaiser Friedrichs I., des Barbarossa, den Titel der *prophetissa teutonica* ein. Diese Charakteristik ist ihr bis heute geblieben. Mit einem Wort, das sich Unzählige in ähnlicher Weise zu eigen gemacht haben, bringt es Udo Kern zum Ausdruck: „Hildegard von Bingen gehört zu den größten Frauen des Mittelalters." Dazu ergänzt die Hildegard-Expertin Ingrid Riedel, Theologin und Psychotherapeutin:

„Ein alles durchwirkender Zug in Hildegards Spiritualität, der mir nun allerdings als ein eminent weiblicher erscheint, ist der zu einer verbindenden und vernetzenden Schau aller Kräfte und Gegenkräfte, die das Universum in dialektischer Spannung zusammenhalten und dem der Mensch ausgesetzt ist, passiv und aktiv, als Mitleidende, aber auch berufen zu verantwortlicher schöpferischer Mitgestaltung."[4]

Keine Frage: Hildegard von Bingen verkörpert in mehrfacher Hinsicht eine Wundererscheinung ihres, des 12. Jahrhunderts. Ihre Ausstrahlung hat aber auch nach den mittlerweile verstrichenen acht Jahrhunderten noch nicht aufgehört, auf Menschen der Gegenwart zu wirken, die dabei sind, eine neue Beziehung zum Menschsein wie zu einem verantwortlichen In-der-Welt-Sein zu gewinnen.

Darüber ist nicht zu vergessen, aus welcher oft gefährdeten gesundheitlichen Situation heraus Hildegard ihren Lebensalltag zu meistern hatte. Wir hören von Zeiten der Krankheit und kräftemäßiger Überforderung als berufstätiger Frau im Kreise ihrer Schwestern. Noch im vorgerückten Alter musste sie, oft in unwirtlichen Gegenden, den Strapazen des wochen- und monatelangen Unterwegsseins gewachsen sein. Aber gerade diese Erfahrungen körperlicher Belastung und Schwäche waren geeignet, ihre Sensibilität und Empathie als Ärztin dem leidenden Mitmenschen gegenüber noch zu steigern. Sie selbst empfand jede Wiedergenesung als ein Geschenk neuer Teilhabe am Leben.

---

4 Ingrid Riedel: Mystik des Herzens. Meisterinnen innerer Freiheit. Freiburg 2010, S. 47.

Das 12. Jahrhundert – ein Jahrhundert vielfältigen Geistes

Hildegard wird auf der Schwelle zum 12. Jahrhundert in eine unruhige, von kirchengeschichtlich bedeutsamen Ereignissen und Bewegungen geprägte und erregte Zeit hineingeboren. Dank des hohen Lebensalters von etwa 81 Jahren, das sie erreichen sollte, kann sie über weite Strecken als Zeitzeugin dieses Jahrhunderts gelten, auch wenn ihr infolge der äußeren Umstände nur Weniges von den Vorgängen, und dies oft nur vom Hörensagen her, bekannt geworden sein wird.

Als sie das Licht der Welt erblickt, haben sich – ausgerufen durch Papst Urban II. – die ersten Kreuzfahrer (1096–1099) aufgemacht, um das Heilige Land von den Muslimen zu befreien und die Stätten des Urchristentums für die christlichen Pilger zugänglich zu halten. Das gelingt, wie sich zeigen sollte, allenfalls nur für eine begrenzte Zeit. Einer ihrer späteren Anführer ist kein Geringerer als Kaiser Friedrich I., der Barbarossa, der auf die Rupertsberger Nonne aufmerksam geworden ist, welche sich ihrerseits berufen fühlt, an dessen Religionspolitik offen Kritik zu üben. Und als Kreuzzugsprediger fungiert kein Geringerer als Bernhard von Clairvaux (1090–1153). Geistliche Ritterorden entstehen, deren Mitglieder die religiösen Gelübde eines Mönches mit dem Einsatz des Schwertes zu verbinden hatten.

Die Einsicht in die Erneuerungsbedürftigkeit der Kirche (*Ecclesia semper reformanda*) manifestiert sich unter anderem in Gestalt einer Reihe von Reformorden, allen

Name, Vorname

Straße, Nr.

Plz, Ort

Telefonnummer *

Faxnummer *

Email *

Unterschrift

* freiwillige Angabe

Für Ihre schnelle Anfrage:
info@marixverlag.de

Bitte
ausreichend
frankieren

Rückantwort

marixverlag GmbH
Römerweg 10
65187 Wiesbaden

voran der Zisterzienser mit Bernhard von Clairvaux und auch des Prämonstratenserordens. Zwar hat das klassisch-abendländische Mönchtum der Benediktiner nach wie vor große Bedeutung und allgemeine Anerkennung behalten. Aber das Bedürfnis, von Neuem zu den ursprünglichen Idealen eines Lebens in der Christusnachfolge in noch größerer Entschiedenheit zurückzukehren, tritt bei den Zisterziensermönchen von Citeaux in markanter Weise zutage.

Der neue Orden ist beispielsweise bestrebt, sich von den im Kloster Cluny beachteten feudalen Bindungen samt den dazugehörigen Privilegien in gewisser Weise zu lösen. Den Reformbereiten geht es darum, bei allem selbstverordneten Verzicht und unter Beachtung einer asketischen Lebensführung zur körperlichen Arbeit zurückzukehren. Noch sind weite Gebiete von Wäldern überzogen, Sümpfe sind trockenzulegen, um sie für die Gewinnung von Ackerland fruchtbar zu machen. Das benediktinische „Bete und arbeite" (*ora et labora*) in seiner Doppelfunktion ist keinesfalls zu relativieren. Aber die Zisterzienser beginnen den Akzent wieder stärker auf das angestrengte Arbeiten zu verlegen, wie es etwa Pionieren obliegt.

Es ist Bernhard von Clairvaux, der die ursprüngliche Benediktus-Regel auf seine Weise wiederzubeleben und von Neuem in Kraft zu setzen sucht. Mit einem Wort: „Die Dynamik der Ausbreitung wurde bis zur Jahrhundertmitte von der Persönlichkeit Bernhards von Clairvaux bestimmt."[5] Er ist es auch, der zu den Leuchten der

5 Hans Wolter in: Hubert Jedin (Hg.): Handbuch der Kirchengeschichte. Bd. III/2. Freiburg 1968, S. 21 f.

mittelalterlichen Mystik gehört und der – das „Lob der neuen Ritterschaft“ (*De laude novae militiae*) anstimmend – sich gleichzeitig als Kreuzzugsprediger betätigt.[6] 1118/19 schließen sich die von ihm befürworteten Templer zu einer eigenen, die Rittertugenden und die mönchischen Gelübde beachtenden Ordensgemeinschaft zusammen. Sie stellen den ersten dieser geistlichen Ritterorden dar.[7]

Im Süden Frankreichs, und nicht nur dort, hat sich im selben Zeitabschnitt eine Ketzerkirche gebildet, die den traditionellen Inhabern der kirchlichen Autorität gefährlich zu werden droht. Und schon machen sich die Inhaber der geistlichen wie der weltlichen Macht daran, den Katharern (Albigensern) in einem mit Rücksichtslosigkeit geführten Kreuzzug eigener Art, das heißt: mit Feuer und Schwert, zu begegnen, sie schließlich zu vernichten.[8] Hildegard ist ebenfalls um ihre Kirche und deren Ordnung besorgt, gilt es doch einerseits die Integrität und Glaubwürdigkeit ihrer Geistlichkeit aufrecht zu erhalten, andererseits der Herausforderung derer entgegenzuwirken, die als „die Reinen“ (*katharoi)* eine dogmatische wie ethische Alternative zur herkömmlichen Kirchlichkeit anbieten. Die dualistische, eine strenge Trennung zwischen dem Geistigen und dem Irdisch-Geschöpflichen betonende Spiritualität steht freilich im fundamentalen Widerspruch zu Hildegards die gute

6 Bernhard von Clairvaux. Textauswahl und Kommentar von Gerhard Wehr. Wiesbaden 2012.

7 Alain Demurger: Die Templer. Aufstieg und Untergang 1118–1314. München 1991.

8 Malcolm Lambert: Geschichte der Katharer. Aufstieg und Fall der großen Ketzerbewegung. Darmstadt 2001.

Schöpfung Gottes bejahender Geistes- und Lebenshaltung.

Das 12. Jahrhundert ist jedenfalls auch ein Jahrhundert der Frömmigkeit, der Gelehrsamkeit, der Theologie und der Mystik, nicht zuletzt eine Zeit, in der die Prophetie die Menschen bewegt. Anselm von Canterbury (1033–1109) sann über die Frage nach, warum die Menschwerdung Christi nötig gewesen sei (*Cur Deus homo*) und wie sich die Gottheit Gottes mit den Denkmethoden scholastischer Gelehrsamkeit „beweisen" lasse. Wieder ist Bernhard gefragt. Er wird trotz von ihm selbst beklagter Arbeitsfülle und Unrast seinerseits zu einer weithin leuchtenden Gestalt der abendländischen Mystik. Es sind seine berühmten Predigten über das biblische „Hohe Lied" Salomonis (*Canticum canticorum*), durch die er die mystische Frömmigkeit der Gottes- wie der Menschenliebe bereichert hat. An seine Seite treten Geistesverwandte wie Wilhelm von Saint-Thierry und die Viktoriner-Theologen, nämlich die Mönche Richard und Hugo von Sankt Viktor bei Paris. In Deutschland lassen sich Rupert von Deutz (gest. 1130) und Gerhoch von Reichersberg (gest. 1169) als beispielhafte Repräsentanten geistlichen Lebens dieses Jahrhunderts nennen.

Was die im 12. Jahrhundert ebenfalls bedeutsam gewordene Prophetie anlangt, so ist hier vor vielen anderen der aus dem süditalienischen Kalabrien stammende Zisterzienser-Abt Joachim von Fiore (1130/35–1202) in Erinnerung zu rufen. Der von ihm abgeleitete Florenserorden gelangte zwar zu einer gleichwohl reformorientierten Eigenständigkeit gegenüber Benediktinern und Zisterziensern. Auf Jahrhunderte hinaus bedeutsam sollte aber werden, was Joachim in einer geistigen Schau empfangen hatte: Seine Vision besteht in einer groß angelegten und zeitlich weit gespannten Geschichtstheologie. Nach einer Zeit des göttlichen Vaters (Altes Testament) und nach einer Zeit des Sohnes (Neues Testament) werde – für das Jahr 1260 verheißen – die Epoche bzw. das „Reich des Heiligen Geistes" anbrechen, eine Zeit, in der das spirituelle Leben der Christenheit aufblühen werde.[9] Von Joachim und seinem Schrifttum gingen nachhaltige Wirkungen aus, die bis zu jenen geistlichen wie säkularen Bewegungen ausstrahlten, die im Zeichen des „Prinzips Hoffnung" (Ernst Bloch) für in die Zukunft gerichtete gesellschaftliche Entwürfe eingetreten sind.[10]

Und während Hildegard ihre eigenen beeindruckenden Texte diktiert, verfasst die erwähnte, ebenfalls dem Benediktiner-Orden verbundene Äbtissin Herrad von Hohenburg auf dem Odilienberg (gest. 1195) ihren *Hortus deliciarum*, ein mystisch-allegorisch angelegtes Lehr- und Weisheitsbuch. Auch die mit Hildegard befreundete Elisabeth von Schönau (gest. 1164) stand zusammen mit ihrem Bruder Eckbert von Schönau unter dem Eindruck eigener Offenbarungserlebnisse, von denen sie in ihren Schriften und Briefen Zeugnis ablegt. Dass es arabische Gelehrte und muslimische Philosophen waren, die – zeit-

9 Ernst Benz: Ecclesia spiritualis. Stuttgart 1934; 1964. – Herbert Grundmann: Studien über Joachim von Fiore. Darmstadt 2. Aufl. 1966. – Gerhard Wehr: Gnosis, Gral und Rosenkreuz. Das esoterische Christentum von der Antike bis zur Gegenwart (1975). Köln 2007, S. 214–221.

10 Norman Cohn: Das neue irdische Paradies. Revolutionärer Millenarismus und mystischer Anarchismus im mittelalterlichen Europa. Reinbek 1988.

weise in fruchtbarer Symbiose mit Christen und Juden[11] – auf der iberischen Halbinsel das Geistesgut der Antike dem Westen vermittelt haben, bedürfte in diesem kultur- und kirchengeschichtlichen Zusammenhang einer besonderen Darstellung.

In seiner Eigenschaft als Medizinhistoriker und Hildegard-Forscher verweist Heinrich Schipperges darauf, dass Hildegards Weltbild angesichts der wissenschaftlichen Überlieferungen der Frühscholastik bei aller Bezogenheit auf die reichhaltige Kosmologie des 12. Jahrhunderts eine Sonderstellung einnehme. „Kurz vor dem Einbruch des arabisierten ‚neuen Aristoteles'[12] bleibt diese Bildwelt ganz eingeborgen in die archaisch-sakramentale Lebensordnung des frühen Abendlandes – ein außerordentlich wichtiger Sachverhalt, der allein auch Hildegards geistesgeschichtliche Position in einer stürmisch bewegten Zeit verstehen lässt."[13]

Kurzum: Vor diesem in mehrfacher Hinsicht vielgestaltigen Panorama des jeweils in einem spannungsvollen Mit- und Gegeneinander pulsierenden Doppel-Organismus von Staat (*imperium*) und Kirche (*sacerdotium*) lebte

---

11 Zu den spanischen Zentren, in denen Juden, Christen und Muslime vor der Reconquista – etwa zu Lebzeiten von Rabbi Moses ben Maimon (Maimonides, 1135–1204) in einem fruchtbaren Austausch standen, gehört u.a. Córdoba. Vgl. Friedrich Battenberg: Das europäische Zeitalter der Juden, Bd. I. Darmstadt 1990, S. 36 f.

12 Anspielung darauf, dass Aristoteles zwar den theologischen Denkern der Scholastik bekanntermaßen geläufig war, dass aber durch die Neuvermittlung des auch für die Naturerkenntnis bedeutsamen Philosophen durch die Araber in Spanien gleichsam ein „neuer Aristoteles" in den Blick gekommen sei.

13 Heinrich Schipperges: Hildegard von Bingen. Olten 1979, S. 14.

und wirkte die Rupertsberger Nonne aus Bermersheim, genannt Hildegard von Bingen.

Stationen ihres Lebens

Im Jahr 1098 wird Hildegard als zehntes und letztes Kind des Edelfreien Hildebert und seiner Ehefrau Mechthild in Bermersheim bei Alzey in der Rheinpfalz geboren. Als Ministrale ist Hildebert von Bermersheim dem Hochstift zu Speyer zugeordnet. Es entspricht den zeitüblichen Gepflogenheiten, zumindest eines der Kinder aus der oft zahlreichen Nachkommenschaft einer Familie schon in früher Jugend für den geistlichen Weg zu bestimmen und der Obhut eines Klosters anzuvertrauen. Daran knüpft sich gemäß den Glaubensanschauungen der Zeit der Gedanke, es gelte, ein „gutes Werk" zu tun und Gott in Gestalt von Sohn oder Tochter ein ihm gebührendes Opfer zu bringen. Das wird im Fall von Hildegard noch durch die Tatsache unterstrichen, dass das zehnte Kind ohnehin dem „Zehnten" entspricht, der ebenfalls nach alter Gepflogenheit abgabepflichtig ist, also „Gott gehört". So geschieht es auch mit Hildegard. Ihre Eltern vertrauen die (möglicherweise) erst knapp Neunjährige zusammen mit einem zweiten, etwa gleichaltrigen Mädchen einer Einsiedlerin an.

Es ist die Klausnerin Jutta von Spanheim (Sponheim), Tochter des Grafen Stephan von Spanheim im Nahegau, die in der Nähe des Benediktinerklosters auf dem Disibodenberg an der Nahe als Einsiedlerin eine Zelle bewohnt. Hier lernt Hildegard die Elemente des christlichen Glaubens kennen. Auch wenn ihr als werdender Ordensfrau versagt ist, den Siebenstufenweg der „freien Künste“ (*artes liberales*) nach Art der scholastischen Schulbildung ordnungsgemäß zu durchlaufen[14], wie sie einem künftigen Kleriker offenstehen, und ihre Lateinkenntnisse begrenzt sein mögen, so hat sich Hildegard doch eine erstaunlich umfassende Bildung, auch eingehende Bibelkenntnisse angeeignet. Das zeigen ihre Schriften, bei deren Abfassung sie allerdings durch gebildete Mönche als ihre Sekretäre (Volmar; zuletzt Wibert von Gembloux) hinsichtlich der sprachlichen Gestaltung unterstützt wurde.[15] Wenn sie sich aus gegebenem Anlass mehrfach angeblicher Wissens- und Erkenntnismängel bezichtigt, so entspricht das vor allem der ihrem Stand als angemessen angesehenen Demutshaltung. Niemand denke höher von sich, als es ihm gebührt – so lautet die ungeschriebene Regel von alters her. Der andere Aspekt solcher Aussagen zielt darauf ab, dass die Seherin zum Ausdruck bringen will: Was ich zu sagen habe, stammt letztlich gar nicht von mir; es ist das Werk Gottes. Nicht ich, sondern er ist es, der in meinen Schriften zu Wort kommt! Daraus resultiert der geistliche Gehalt ihrer Aufzeichnungen. Wie aus den Briefwechseln ersichtlich, pflegen dies Hildegards Adressaten auch anzuerkennen.

Und eben darin liegt die außerordentliche Besonderheit, durch die Hildegards Leben seit Kindertagen eine unverkennbar eigene Note verliehen ist und durch die

14 Josef Dolch: Lehrplan des Abendlandes. Darmstadt 1982.

15 Das Leben der heiligen Hildegard von Bingen. Ein Bericht aus dem 12. Jahrhundert, verfasst von den Mönchen Gottfried und Theoderich. Aus dem Lateinischen übersetzt von Adelgundis Führkötter. Salzburg 1980.

sich die Heranwachsende von ihrer Umgebung abhebt. Das ist die nach und nach sich entfaltende Gabe, die darin besteht, noch ganz anders als nur mit den leiblichen Sinnen wahrnehmen und die Dinge mit dem rationalen Verstand beurteilen zu können. Es ist somit die Fähigkeit, das zu „schauen“ und innerlich ergreifen zu können, was anderen verborgen ist, insbesondere, wenn sowohl ihr selbst als auch anderen göttliche Weisungen zu erteilen sind. Es handelt sich dabei nicht etwa um eine auf dem Weg der Meditation oder anderer geistlicher Exerzitien empfangene Fähigkeit. Hildegards Schaukraft mutet vielmehr als natürlicherweise angeboren an. Bereits in ihrem dritten Lebensjahr sei ihr „ein großes Licht“ erschienen, weiß sie zu berichten. Ihre Seele sei von einem großen Beben ergriffen worden, ehe das Kind fähig gewesen sei, sich gegenüber anderen darüber äußern zu können. Aus ihrer Autobiografie und aus weiteren Aufzeichnungen, aus Visionsberichten und Briefen erfährt man Genaueres, sofern Unsagbares dieser Art auch nur angedeutet oder hinreichend geschildert werden kann.

Dabei fällt auf, wie wichtig es der Berichterstatterin ist, dass diese Wahrnehmungen nicht etwa bei gedämpftem Bewusstsein, also etwa traumhaft, zustande gekommen seien, sondern dass ihr Schauen (*visio*) Mal um Mal jeweils in voller Wachheit und in Bewusstseinsklarheit erfolge. Anfangs meint das Kind, dergleichen geschähe auch den Menschen seiner unmittelbaren Umgebung in gleicher Weise. Natürlicherweise empfindet das Mädchen deshalb als „normal“, was in sein Bewusstsein tritt. Da heißt es etwa: „Bis zu meinem fünften Lebensjahr sah ich vieles, und manches erzählte ich einfach, sodass die, die es hörten, sich sehr wunderten, woher es käme und von wem es sei. Da wunderte ich mich auch selbst und verbarg die Schau, so gut ich konnte.“ Und später, als sie bereits über jahrzehntelange Schau-Erfahrung verfügt, heißt es in einem Brief an den sie beratenden Mönch Wibert von Gembloux: „Von meiner Kindheit an bis zur gegenwärtigen Stunde, da ich doch schon mehr als siebzig Jahre alt bin, erfreue ich mich der Gabe dieser Schau … Ich sehe die Dinge nicht mit den äußeren Augen und höre sie nicht mit den äußeren Ohren, auch nehme ich sie nicht mit den Gedanken meines Herzens wahr, noch durch irgendwelche Vermittlung meiner fünf Sinne. Ich sehe sie vielmehr einzig *in meiner Seele*, mit offenen leiblichen Augen, sodass ich niemals die Bewusstlosigkeit einer Ekstase erleide, sondern wachend schaue ich dies, bei Tag und Nacht.“[16]

Aufschlussreich ist überdies eine Reihe weiterer Angaben, auf die noch im Zusammenhang einzugehen ist, wenn etwa Hildegard im Brief an Wibert fortfährt: „Das Licht, das ich schaue, ist nicht an den Raum gebunden. Es ist viel, viel lichter als eine Wolke, die die Sonne in sich trägt. Weder Höhe noch Länge noch Breite vermag ich an ihm zu erkennen. Es wird mir als der ‚Schatten des lebendigen Lichtes‘ bezeichnet. Und wie die Sonne, Mond und Sterne in Wassern sich spiegeln, so leuchten mir Schriften, Reden, Kräfte und gewisse Werke der Menschen in ihm auf.“ (Oehl, S. 109)

Die Benediktinerin Adelgundis Führkötter gelangt aufgrund ihrer langjährigen Hildegard-Studien zu der

16 Hildegard, zit. bei Adelgundis Führkötter: Hildegard von Bingen. Salzburg 1979, S. 13.

Auffassung, bei Hildegard handle es sich um eine „Grundverfasstheit", also um eine Seelenlage, über die die Seherin in diesem so bezeichneten „Schatten des lebendigen Lichtes" ständig verfügt habe. Und dies trifft übrigens auch auf innere, nichtakustische Gehörwahrnehmungen (*auditiones*) zu, wenn es sich um Inspirationen handelt. Darauf deutet die Anmerkung hin, wenn sie sagt, es werde ihr zum Zweck der Unterscheidung „gesagt", es handle sich das eine Mal um das „lebendige Licht" als solches; das andere Mal, man müsse von dem „Schatten des lebendigen Lichtes" sprechen. Hildegard fährt mit Blick auf diese Differenzierung fort: „In diesem Licht sehe ich zuweilen, aber nicht oft ein anderes Licht, das mir das ‚lebendige Licht' genannt wird. Wann und wie ich es schaue, kann ich nicht sagen. Aber solange ich es schaue, werden alle Traurigkeit und alle Angst von mir genommen, sodass ich mich wie ein einfaches junges Mädchen fühle und nicht wie eine alte Frau …"[17] Daraus ergibt sich, dass die ihr zugeeignete Gabe nicht allein ihr kognitives, ihr Erkennen beflügelndes Leben betrifft. Weil Traurigkeit und Angst verschwinden, scheint gemäß ihrer eigenen Bestätigung eine harmonisierende Wirkung auf ihre gesamte geistig-seelische Verfassung auszugehen.

Nachdem Hildegard aus der Hand von Bischof Otto von Bamberg den Nonnenschleier empfangen und die benediktinischen Gelübde der Armut, Ehelosigkeit und des Gehorsams abgelegt hat, lebt sie zunächst mit einigen anderen Ordensfrauen im Nonnenkonvent auf dem

17 A.a.O. 13 f.

Disibodenberg. Als Jutta von Spanheim am 22. Dezember 1136 stirbt, wählt man Hildegard als deren Nachfolgerin (*magistra*).

Unsicher geworden, wie sie auch im Blick auf ihre Mitschwestern und gegenüber den kirchlichen Oberen mit der ihr zugewiesenen Geistesgabe umgehen solle, wendet sich die knapp Fünfzigjährige, also relativ spät, an Bernhard von Clairvaux, von dem sie weiß, dass er als Seelsorger in der Einschätzung solch außerordentlicher spiritueller Fähigkeiten kundig und urteilsfähig sei. Er möge ihr, der „unwürdigen Dienerin", raten und so etwas wie einen geistlichen Rückhalt für ihr weiteres Verhalten geben. Es handelt sich um den ältesten der erhaltenen Hildegard-Briefe überhaupt. Darin legt sie Rechenschaft über ihre Seelenlage ab. Denn über äußeres Schulwissen verfüge sie nicht, muss sie rückhaltlos einräumen, aber „von innen her" werde sie unterwiesen, sodass ihr beispielsweise der geistliche Sinn der Schrift aufgehe.[18] Darunter ist bei Hildegard naturgemäß keine philologisch-hermeneutische Deutungskunst zu verstehen, sondern eher ein spontanes intuitives Innewerden dessen, was sie als „Geist der Schrift" aufzufassen vermag. Während nun Hildegards Brief von Rühmung und Verehrung für den durch den Gottesgeist begnadeten

18 Seit der Antike ist der „mehrfache Schriftsinn" bekannt. So unterschied auch die frühe Christenheit verschiedene Arten des Bibelverständnisses. Es genügt beispielsweise nicht, alle sachlichen Aussagen der Heiligen Schrift ihrer wörtlichen Bedeutung nach zu nehmen. So trat neben die buchstäbliche Deutung die Berücksichtigung einer übergeordneten Bedeutungsebene. Vgl. Kurt Frör: Biblische Hermeneutik. München 1964. – Eugenio Garin: Geschichte und Dokumente der abendländischen Pädagogik I . Reinbek 1964. – Henri de Lubac: Geist aus der Geschichte. Das Schriftverständnis des Origenes. Einsiedeln 1968.

„milden Vater“ geradezu überfließt, antwortet Bernhard eher zurückhaltend sachlich und versichert, die „in Christo geliebte Tochter“ im Gebet in seine Fürbitte vor Gott aufnehmen zu wollen.[19] Gesehen haben sich beide Ordensleute vermutlich niemals. Vor allem sieht sich der Zisterziensermönch verständlicherweise nicht ermächtigt, so etwas wie eine kirchenamtliche Anerkennung ihrer Sehergabe mitzuteilen.

Dazu kommt es erst, als Papst Eugen III., ein „geistlicher Sohn“ Bernhards, d.h. ebenfalls ein Zisterzienser, zu einer Bischofssynode 1147/48 nach Trier kommt und Teile von Hildegards noch unvollendeter „Scivias“-Schrift kennenlernt. Aus diesem Anlass schickt er einige geistlich kompetente Bischöfe zum Disibodenberg, um sich ein unmittelbares Bild von der Seherin und ihren konkreten Lebensumständen zu machen. Alles in allem fällt das päpstliche Urteil überaus wohlwollend aus. Mit dieser offiziellen Zustimmung sind von da an nicht nur Wort und Schrift Hildegards aufgewertet und der Christenheit empfohlen, sondern auch das Benediktiner-Kloster auf dem Disibodenberg, dem Abt Kuno vorsteht.

Umso größer ist gerade für ihn und seine Mönchsbrüder die Enttäuschung, als die Seherin bald darauf den inneren Auftrag erhält, der längst viel zu beengt lebenden kleinen, aber wachsenden Schwesterngemeinschaft andernorts eine neue Bleibe zu geben. Aus verständlichen Gründen widersteht der Abt energisch diesem Ansinnen. Doch schließlich setzt sich Hildegard dank des päpstlichen Gutachtens durch. Auf dem Rupertsberg vor Bin-

19 Peter Dinzelbacher: Bernhard von Clairvaux. Darmstadt 2012, S. 311 ff.

gen entsteht alsbald binnen weniger Jahre das erste Hildegard-Kloster. Hier kann die allseits Verehrte und immer bekannter Werdende ihrer speziellen Sendung leben. Sie kann nach zehnjähriger Arbeit nun ihr erstes Buch, *Scivias*, abschließen sowie eine Reihe weiterer Schriften zu unterschiedlichen Themen in Angriff nehmen.

Vom Rupertsberg bricht sie nach und nach zu ihren vier Predigtreisen auf. Gleichzeitig nützt sie die nächsten zweieinhalb Jahrzehnte zur Weiterarbeit an ihrem literarischen Opus. Sie tut es in dem Wissen, dass es sich letztlich nicht um ihr, sondern um Gottes eigenes Werk handelt, das sie bis in ihr hohes Alter hinein zu vollenden vermag. Während infolge der Zerstörung des Klosteranwesens im Dreißigjährigen Krieg heute kaum mehr als der Ort des ehemaligen Rupertsberger Klosters anzutreffen ist, hat Hildegard für ihre Schwestern noch eine Zweitniederlassung in Eibingen jenseits des Rheins, oberhalb der Stadt Rüdesheim, begründet. Es ist nach mancherlei Wandlungen zum heutigen Zentrum für die Pflege und Fortführung ihres Lebenswerks geworden.

Widerstände und Behinderungen, ja ernste Belastungen bleiben auch einer mit dem Hinweis auf die besondere Geistesgabe ausgezeichneten Ordensfrau nicht erspart, selbst im hohen Alter nicht. Als beispielsweise ein den Rupertsberger Ordensfrauen nahestehender Edelmann üblicherweise auf Klostergrund bestattet worden ist, erhebt sich energischer Einspruch aus Mainz. Der Bischof und seine Beamten gehen zunächst von der irrigen Meinung aus, dass der Verstorbene im Zustand des Exkommuniziertseins beigesetzt worden sei, dass man seinen

Leichnam daher aus der geweihten Erde wieder entfernen müsse, um Unheil von der Klostergemeinschaft abzuwenden. Hingewiesen wird darauf, dass der betreffende Ritter nach erfolgter Generalbeichte die Absolution empfangen habe und damit ohne viel Aufhebens die ordnungsgemäße Wiederaufnahme in die Kirche gestattet worden sei. Doch nicht genug damit.

Weil Hildegard, wie sie sagt, einer inneren Weisung gehorchend, der Forderung der Mainzer Herren entschlossenen Widerstand leistet und zu keiner Korrektur ihrer Entscheidung bereit ist, verhängt der Bischof über den Rupertsberg und seine Klosterfrauen samt ihrer mittlerweile etwa achtzigjährigen Äbtissin sogleich die härteste Kollektivstrafe, die die römische Kirche gegenüber ihren Gläubigen auszuüben vermag: das Interdikt.[20] Damit ist zwar nicht der Ausschluss des Nonnen-Konvents aus der „Gemeinschaft der Heiligen" (*communio sanctorum*) verbunden, aber die Spendung der kirchlichen Sakramente unterbleibt. Es kommt somit zum Stillstand des gesamten gottesdienstlichen Lebens. Daher schweigen die Glocken über Stadt und Land – Ausdruck einer angebrochenen Gottesferne für die Menschen, deren geistliches Leben wie ausgelöscht erscheint. Erst als glaubwürdige Zeugen für die geistliche Integrität des Verstorbenen gefunden sind und hohe geistliche Vermittler als Bürgen auftreten, werden Hildegard und die ihr anvertrauten Ordensfrauen rehabilitiert. Erst kurz vor ihrem Tod wird das Interdikt aufgehoben.

20 Interdikt, von lat. *interdicere*, untersagen, entspricht einem Entzug der kirchlichen Gnadenmittel, beispielsweise über eine Gemeinschaft, eine Stadt oder über eine ganze Region verhängt.

Trotz solcher Aufregungen, trotz Krankheit und Altersschwäche vermag Hildegard bei voller Bewusstseinsklarheit ihrem Werk bis kurz vor ihrem Tod zu dienen. Am 17. September 1179 stirbt sie in ihrem Kloster auf dem Rupertsberg, wo sie bis in die Zeit des Dreißigjährigen Kriegs bestattet ist, danach in der heutigen Kirche von Eibingen. In ihrer *Vita* heißt es von ihr: „Die Beisetzungsfeier wurde von hochwürdigen Männern ehrfurchtsvoll vollzogen und der Leichnam an heiliger Stätte begraben, wo allen, die mit gläubigem Herzen bitten, durch Hildegards Verdienste viele Wohltaten erwiesen werden. Wir hoffen und glauben ohne Zweifel, dass bei Gott ihr Andenken unsterblich ist, der ihr schon in diesem Leben den besonderen Vorzug seiner Gaben verlieh, wofür ihm Preis und Ehre sei von Ewigkeit zu Ewigkeit. Amen."[21]

Schriften, Briefe und Lieder

Der berühmte, durch 35 farbige Bildtafeln illuminierte *Rupertsberger Codex*, zu dem das erste Werk *Scivias – Wisse die Wege* gehört, hält zu Beginn die Ausgangslage in einer Miniatur fest. Sie zeigt, wie die Schreiberin sich gerade in Erfüllung ihrer Aufgabe befindet. Das Bild zeigt die Verfasserin des werdenden Buches: Hildegard sitzt in ihrer Zelle, in ihren Händen einen Griffel, mit dem sie Zeichen in eine (Wachs-)Tafel einprägt. Um nun deutlich zu machen, dass letztlich nicht ihr die Autor-

21 Adelgundis Führkötter: Hildegard von Bingen. a.a.O. S. 48.

schaft des im Entstehen begriffenen Buches zukommt, brechen von oben Feuerflammen durch das Deckengewölbe. Diese umstrahlen ihre Stirn – offensichtlich Ausdruck der inspirierenden Kraft, von der gemäß dem begleitenden Text die Anweisung ausgeht: „Sage und schreibe, was du siehst und hörst!“ Und da blickt ein Mönch mit neugierigem Gesichtsausdruck durch ein schmales Zellenfenster. Es wird sich wohl um einen ihrer Sekretäre handeln, sei es Volmar oder Wibert.[22] Zwar ist er dazu da, der Empfängerin der göttlichen Botschaft in allerlei Wissensfragen sachlich beratend beizustehen. Aber im Grunde kann auch ein solcher Helfer nur mit Staunen an dem Geschehen Anteil nehmen, das sich vor seinen Augen und Ohren vollzieht. Er erweckt den Eindruck, er könne kaum mehr als ein Zeuge dessen sein, was er in der Begegnung mit Hildegard erlebt. Ihm obliegt es lediglich, dem Wort der Seherin in Latein die sprachlich adäquate Form zu geben.

In zahlreichen von Hildegard mit solcher Begleitung verfassten Schriften spiegelt sich die vielseitige Begabung der Heiligen vom Rupertsberg. Angesprochen ist jeweils der Mensch vor dem Angesicht des Schöpfergottes. Spirituelle Unterweisung, Deutung der Heiligen Schrift, Sachwissen zur Natur und Heilkundiges aller Art, schließlich Poetisches, Lieder und Hymnen gehören zum Inhalt dessen, was eine schriftliche Fixierung verlangt. Wie dem Blatt des genannten Rupertsberger Codex zu entnehmen ist, muss für Hildegard das Jahr 1141 von besonderer Bedeutung gewesen sein. Denn da geschieht

22 Weil das Bild am Anfang von Hildegards Erstlingsschrift steht, kann nur Volmar als ihr damaliger Sekretär gemeint sein.

das, was die erwähnte Szene schildert: Das feurige Licht, das ihrem Eindruck nach wie Blitzesleuchten von oben auf Hildegard herabkommt, hat sie in Beschlag genommen, sodass sie in der Einleitung schreibt: Gleich einer Flamme seien bei ihr Gehirn, Herz und Brust durchströmt und durchglüht worden. Es sei eine solche Flamme gewesen, die jedoch nicht brannte, sondern wärmte, und zwar so, „wie die Sonne den Gegenstand erwärmt, auf den sie ihre Strahlen legt". Und die Wirkung? – Die Schreiberin fasst mit wenigen Worten hier und an anderer Stelle das Empfangene zusammen, weil es offensichtlich den seherisch-spirituellen Ertrag ihres ganzen geistlichen Lebens darstellt:

„Nun erschloss sich mir der Sinn der Schriften, des Psalters, des Evangeliums und der übrigen katholischen [d.h. an die allgemeine Christenheit gerichteten] Bücher des Alten und des Neuen Testamentes."[23]

An erster Stelle ihrer literarischen Zeugnisse ist die Trilogie der Bücher zu nennen, die sich auf ihre Visionen beziehen. Den Anfang macht Hildegards berühmter Erstling *Scivias – Wisse die Wege des Herrn*. Mit der Niederschrift begann sie bereits im Kloster auf dem Disibodenberg im Jahr 1141. Der Abschluss liegt im Jahr 1151, als die Autorin bereits dem Rupertsberger Benediktinerinnen-Kloster vorsteht. Es handelt sich um jene drei Schriften, die auf dem Wege der Schau (*visio*) und der Einsprache (*auditio*), also inspirativ empfangen wor-

23 Hildegard von Bingen: Wisse die Wege – Scivias. Bearbeitet von Maura Böckeler. Salzburg. 6. Aufl. 1975, S. 89.

den sind. Dazu gehören an zweiter und dritter Stelle die Bücher „Buch der Lebensverdienste“ (*Liber vitae meritorum*)[24], an dem sie in den Jahren 1158 bis 1163 arbeitet, sowie „Das Buch der Gotteswerke“ oder „Welt und Mensch“ (*Liber divinorum operum*). Es hat bis zu seiner Fertigstellung ungefähr acht Jahre in Anspruch genommen. Hinsichtlich der relativ langwierigen Entstehungszeit ist zu bedenken, dass Hildegard als Äbtissin und Lehrmeisterin (*magistra*) durch die Leitung der beiden Klöster, durch die Seelsorge an ihren Schwestern, ferner durch ihre vielseitige Korrespondenz samt der zeitaufwändigen Reisetätigkeit bereits voll in Anspruch genommen war. Die literarische Arbeit stellt gleichsam nur eine Begleitmusik ihres alltäglichen Schaffens dar.

Hinzu kommt eine Reihe heilkundiger Aufzeichnungen: Sie finden Eingang in das Buch „Naturkunde“ (*Physica*) und „Heilkunde“ (*Causae et curae*); unter der Überschrift *Symphonia* sind Gedichte und Gesänge zusammengetragen; „Spiel der Kräfte“ (*Ordo virtutum*) ist Hildegards als Schauspiel konzipierte Dichtung, in der der Tanz der göttlichen Kräfte (*virtutes*) und die Sehnsucht des Menschen, an dem göttlichen Spiel mitwirkenden Anteil zu gewinnen, zum Ausdruck kommen.[25]

Einen eigenen Reiz üben Hildegards Briefe aus; zum einen, weil die Schreiben etwas von ihrer individuellen Prägung durchscheinen lassen; zum anderen lernt man

---

24 Der Hildegard-Übersetzer Heinrich Schipperges hat dem Buch den Titel „Der Mensch in der Verantwortung“ gegeben.

25 Hildegard von Bingen: Lieder. Lateinisch und Deutsch. Aus dem Lateinischen neu übersetzt von Bruno Kern. Wiesbaden 2009, S. 131–159.

den weitreichenden Radius ihrer menschlichen Beziehungen kennen. Dass der erhaltene Briefwechsel mit Bernhard von Clairvaux beginnt, wurde bereits erwähnt. Briefempfänger sind die Päpste Eugen III., Anastasius IV. und Hadrian IV. Zahlreiche Bischöfe, Kardinallegaten, auch Pariser Magister haben zur Feder gegriffen. Erhalten haben sich zahlreiche Antworten auf die an sie gerichteten Fragen. Unter den weltlichen Regenten befinden sich die beiden Staufer König Konrad III., der wiederholt auftauchende Friedrich I. Barbarossa, sodann Herzog Welf VI. sowie griechische und englische Herrscher. Zahlreich sind die Schreiben, die an einzelne Nonnen und Mönche, an Priester und Äbte gerichtet sind, mitunter an Leute aus dem Volk, sowie an eine Reihe von Nonnen- und Mönchsklöster, die sie zum Teil bei ihren Besuchen kennengelernt hat.

Dass die Rupertsberger Äbtissin kein Blatt vor den Mund nimmt, wurde schon angedeutet. Erstaunlich ist gewiss, dass sich Hildegard, die bisweilen als Seherin, als „Posaune Gottes“ tituliert wird, das Recht herausnimmt, Barbarossas kirchenpolitische Aktivitäten bei der Einsetzung von Päpsten zu kritisieren. Dies ergibt sich aus der ihr zuerkannten geistlichen Autorität, die sie offensichtlich für sich in Anspruch nimmt. Dabei bringt sie mehrfach zur Geltung, dass es sich bei ihren Urteilen oder Weisungen nicht um ihre private Meinung handle, sondern dass sie nur in Worte kleide, was ihr von innen und von oben her einsichtig werde. Auf diese Weise nimmt diese durch keinen äußeren Rückhalt gestützte Ordensfrau von Fall zu Fall Einfluss auf das politische Geschehen, auch wenn sich das nicht im Detail nachweisen lässt.

Charakteristischerweise erschöpfen sich die Briefinhalte daher nicht etwa in der bloßen Weitergabe alltäglicher Mitteilungen. Es dominieren das belehrende Wort, Rat und Ermahnung, die jeweils in der Sprache biblischer Zitate oder durch Anspielung auf diese artikuliert werden. In der Regel bedient sie sich nach Maßgabe mittelalterlicher Bibelinterpretation der allegorischen Deutung. Gemeint ist eine gleichnishafte und sinnbildliche Auslegung, beispielsweise die Benutzung eines konkreten oder personalen Bildes für einen abstrakten Begriff. Dabei zeigt sich, wie groß der Umfang von Hildegards alt- und neutestamentlicher Schriftkenntnis ist. Ausschlaggebend ist für sie, welchen Auftrag die Briefschreiberin an die jeweiligen Empfänger und Empfängerinnen weiterzugeben hat. Oft wurde sie darum gebeten. Die Überzeugung, dass das Gebet einer solchermaßen „heiligen" Person vor Gott eine besondere Wirkung haben werde, veranlasste viele, Hildegards Fürbitte zu erhalten. Nicht selten wird erwartet, dass Hildegard sich wie ein Orakel betätigt und über Bevorstehendes Auskunft gibt. So heißt es etwa in einem Brief an Mönch Rüdiger vom Kloster zu Ebrach: „Hüte dich also, deine Gedanken und Träume verwegen zu befragen, wie lange du auf diesem Wege lebst und wo du einmal enden wirst. Denn über Papst Eugen hat Gott mir keine anderen Zeichen kundgetan. Dich aber sehe ich in starker Fessel, von der du dich in diesem Leben freimachen musst."[26] Auf der anderen Seite liegt es nahe, dass ein König wie Konrad III. als verantwortlicher Beschützer der von Verfallserscheinungen heimgesuchten Kirche

26 Hildegard an den Mönch Rüdiger vom Kloster Ebrach, in: Briefwechsel. Salzburg 1965, S. 143

auf bevorstehende Zeiten der Prüfung und der Bestrafung aufmerksam gemacht wird. Auch das Auftauchen von Irrlehrern, namentlich der Katharer-Bewegung, wird als Strafe Gottes empfunden.

Nicht zu übersehen ist, dass Hildegard von Bingen auch musisch begabt war. Die Lieder und Hymnen, die wir von ihr besitzen, besingen die Vielfalt der Taten Gottes durch Menschen, die mit allerlei Charismen ausgestattet sind. „O virtus sapientiae – o Kraft der Weisheit!" ruft sie aus und blickt auf die Kreise, die die Gottesweisheit zieht, indem sie alle Sphären des Universums umfasst. Angerufen werden die Engel, die Märtyrer, die Apostel und Glaubenszeugen, unter ihnen „Sanctus Rupertus", der Patron und Namensgeber ihres Klosters in Bingen. Über allen mit Lobgesängen bedachten Gestalten aber steht „Stella maris", der Meerstern in der Person der Jungfrau Maria. Für die Heilerin Hildegard gilt der Mutter Jesu vor allen anderen Frauen der Christenheit der Mariengruß: „O clarissima mater sanctae medicinae"

Du hell strahlende Mutter der heiligen Heilkunst,
dein Salböl hast du durch den heiligen Sohn
in die klagenden Wunden des Todes geträufelt,
die Eva den Seelen zur Qual verursacht hat.
Du hast den Tod vernichtet
und das Leben wieder aufgerichtet.
Bitte für uns bei dem, den du geboren hast,
Meerstern, Maria!

Eine Frau hat den Tod gebracht,
eine hellstrahlende Jungfrau hat ihn beseitigt.

Das ist der höchste Segen
in weiblicher Gestalt,
vor jeder andern Kreatur.
Denn Gott ist Mensch geworden
in der lieblichsten und seligen Jungfrau.[27]

„O edelstes Grün aus der Sonne"

Fragt man, in welcher spezifischen Weise sich der Gottesbezug bei Hildegard artikuliert, auch wie bei ihr ein Lebensimpuls die gesamte Schöpfung und damit auch den Menschen durchdringt, dann bringt sie das durch den Lobpreis der Farbe *Grün* zum Ausdruck. Dabei handelt es sich um viel mehr als um ein äußeres Phänomen, sondern um das, was der gesamten irdischen Erscheinungswelt potenziell zugrunde liegt. Gemeint ist eine überpersonale Wesenheit, nämlich die „Grünheit", auch *sancta viriditas* genannt. Darunter ist etwas qualitativ anderes zu verstehen als das, was beispielsweise Henri Bergson philosophisch als „élan vital" (Lebensschwungkraft) bestimmt, zumal es sich bei Hildegard um mehr als einen nur auf den Bios bezogenen Begriff handelt. Immerhin schwingt dieser Bedeutungsgehalt mit. Statt definierbarer Begriffe dominiert bei Hildegard grundsätzlich das zum Symbol erhobene Bild, wobei Symbole (griech. *symbállein,* zusammenwerfen, zusammenfügen) beide Elemente als ein integrales Ganzes gegenwärtig werden lassen: Es ist die darin jeweils enthaltene, die zugrunde

27 Hildegard von Bingen: Lieder. a.a.O., S. 43 und 39.

liegende geistige Potenz und deren optischer, somit bildhafter Ausdruck. Den solchermaßen mit allen – den inneren wie den äußeren – Sinnen erlebbaren Prozess beschreibt die Seherin einmal in der ihr gemäßen Unmittelbarkeit als ein konkretes Beispiel ihres „Sehens“ so:

„In der Morgenfrühe, wenn die Sonne bei ihrem Aufgang sich machtvoll erhebt, um ihren Lauf anzutreten, steht auch das Grün in seiner größten Kraft, weil die Luft bis dahin noch feucht ist, die Sonne aber schon wärmt. Dann trinken die Gräser dieses Grün so gierig in sich hinein, wie ein Lamm seine Milch saugt: Die Hitze des ganzen Tages wird kaum ausreichen, die *Grünkraft* [*viriditas*] dieses Tages durchzukochen und fruchtbar zu machen.“[28]

Hildegards Beschreibung ist zugleich Aufforderung und Einladung, in einer adäquaten Weise ein eben solches meditativ-kontemplatives Sehen Mal um Mal zu erproben, um der „heiligen Grünheit“ inmitten der natürlichen Erscheinungen gewahr zu werden. „Was Hildegard hier beschreibt, ist die natürliche Ordnung des Grüns, das Grün in Blatt und Gras, das Fläche und Raum ist für das Licht, um dem Lebensfeuer der Sonne die bereite, natürliche Antwort zu geben. Dieses Grün entstammt den Elementen und wird durch ihre Qualitäten unterhalten. Es lebt in der Flamme, schillert in den Gewässern, feuchtet im Stein, weht in der Luft … Grün ist gezeugtes Licht,

28 Hildegard von Bingen: Heilkunde. Übersetzt von Heinrich Schipperges. Salzburg 1957, S. 303.

das dem ewigen Leben und seiner feurigen Kraft entstammt …“[29]

Und weiter:

„Unter dem Bild des Grüns gibt Hildegard eine umfassende Vorstellung der lebensfrischen Naturkraft, wie sie uns als das vegetative und animalische Lebensprinzip vor Augen tritt. Es ist die Farbe alles Keimens und Sprießens, alles Blühens und Wachsens …“

Schließlich hat man sich stets zu vergegenwärtigen, dass sich Hildegards Vorstellungen nicht in den Bahnen eines innerweltlichen Vitalismus bewegen. Auch begnügt sie sich nicht mit dem, was man heute als einen achtsamen Umgang mit der „Umwelt“ bezeichnet. Hildegard meint die eine, universale, vom Gottesgeist durchdrungene Welt. Denn:

„Alles natürlich geoffenbarte Grün ist Spiegelbild für jene Grünheit, die im Grund der Ewigkeit verborgen liegt. Denn die Ewigkeit ist grün und ist die Keimzelle für alle Lebenskräfte der Welt.“[30]

Weil es diese geistig-leibliche Grünheit ist, die Gesundheit und Leben für Natur und Menschheit verbürgt, sind bei Hildegard die Bereiche von Natur und Gnadenwirkung, von vitaler Heilung und ewigem Heil ineinander

29 Hildegard von Bingen: Heilkunde. a.a.O. S. 303.
30 A.a.O. S. 304.

verschlungen. Sie dürfen nicht auseinandergenommen werden:

„Hier ist ‚viriditas‘ das Lebensprinzip einer höchsten Potenz, die in ihrer Lebendigkeit jedes Mal neu aktualisiert werden muss und für deren lichte Schönheit Gott einen Engel schuf, den er Lichtträger (*Lucifer*) nannte. Das geistliche Leben bei Hildegard enthüllt sich, durch alle Symbolik des Geschlechtlichen hindurch.“[31]

So ist für sie die geistliche Dimension nicht von der Leiblichkeit abgehoben; im Gegenteil: Erst in Jungfräulichkeit und Zeugungslust, die in wechselseitiger Bezogenheit Ausdruck der Strahlkraft der *sancta viriditas* sind, verleiblicht sich Mal um Mal das Schöpfungsgeheimnis. Die ihm zukommende schöpfungsmäßige Veranlagung lässt das sich Manifestierende zum strömenden und empfangenden Ereignis werden. Das ist schließlich auch der Grund, weshalb Hildegards Geisteshaltung und Schöpfungsbezug sich nicht mit der Leibfeindlichkeit des Kirchenvaters Augustinus und ebenso wenig mit der dualistischen Haltung der zeitgenössischen Katharer vertragen.

Umso stärker wird die Tragik empfunden, wenn die der Grünkraft entsprungenen Gaben durch Missbrauch oder Vernachlässigung verwelken; wenn der „altböse Feind“ drohend sein Haupt erhebt; wenn Hass und Vernichtungswille an die Stelle des Lebenschaffenden treten wollen. Doch weil der Blick und die Aufnahmebereit-

31 A.a.O. S. 307 f.

schaft der Rupertsberger Seherin auf den Heiligen Geist als Impulsgeber des Lebens gerichtet bleiben, damit ein diesseits wie jenseits sich entfaltendes Lebendigsein gewahrt bleibt – *viriditas in integritate* –, mündet ihr Erleben in einen Preisgesang. Mit ihm wendet sie sich werbend denen zu, die ihr eigenes Leben davon erfüllen lassen wollen:

Du edelstes Grün, das seine Wurzeln in der Sonne hat,
und das in heiterem hellen Glanz leuchtet,
im Kreis,
von keinem noch so ausgezeichneten irdischen Sinn zu begreifen.
Du bist umfangen
von der großen Umarmung der göttlichen Geheimnisse.
Wie die Morgenröte strahlst du,
und glühst wie der Sonne Feuer.[32]

Hildegards Wirkungen

Schon zu Hildegards Lebzeiten zeichnete sich ab, mit welcher nach und nach sich ausbreitender Aufmerksamkeit das Leben und Schaffen der Seherin vom Rupertsberg bei Bingen beobachtet wurde. Papst Eugens III. öffentliche Anerkennung stellte dabei einen wichtigen Meilenstein für die Rezeption ihrer Botschaften in Kir-

32 Hildegard von Bingen: Lieder, a.a.O., S. 109.

chenvolk und Klerus dar. Daran konnte gelegentliche Kritik aus Klerikerkreisen nichts ändern. Der Status der Heiligkeit Hildegards hat sich innerhalb der Christenheit längst durchgesetzt. Er stellte jedoch in formaler Hinsicht ein Problem dar. Die spätere Kanonisierung kam, eingeleitet durch Papst Gregor IX. im Jahr 1227, zwar in Gang, geriet aber angeblich aus formalen Gründen ins Stocken, sodass unklar bleibt, ob und wann der Vollzug einer Heiligsprechung überhaupt erfolgt ist.

Doch wichtiger als kirchenoffizielle Beglaubigungen ist die jeweilige geistige Ausstrahlung, mit der sich ein Mensch durch Leben und Tun die liebende Wertschätzung seiner Umgebung in Geschichte und Gegenwart erwirbt, die er verdient. Und gerade dies ist aufs Ganze gesehen weitgehend Hildegard widerfahren, was – ungeachtet mancher Zeiten ihrer Nichtbeachtung oder Vernachlässigung – bereits ein Kennzeichen ihrer Wirkung quer durch die Jahrhunderte darstellt.

Zu den älteren Hildegard-Verehrern gehört der Benediktiner und als Polyhistor bekannte Trithemius von Sponheim (eigentlich: Zeller von Heidenberg, 1462–1516), literarisch versierter Vertreter eines monastischen Humanismus, zuletzt Abt am Würzburger Schottenkloster Sankt Jakob. Am Vorabend der Reformation wies er auf den geistlichen Rang der Rupertsbergerin hin, auch wenn ihm (Maria Schrader zufolge) eine historisch zuverlässige Arbeitsweise nicht gerade nachgesagt werden könne.[33] Diverse Buchdrucke erfolgten im 16. Jahrhundert. Im Reformationszeitalter trat der Nürnberger Lu-

33 Michael Kuper: Johannes Trithemius. Der schwarze Abt. Berlin 1998.

theraner Andreas Osiander (1496–1552), Pfarrer an der St. Lorenzkirche, für die Botschaft Hildegards ein. Die erste Verdeutschung ihrer Briefe und Lebenszeugnisse besorgte Ludwig Clarus (Regensburg 1854) in zwei Bänden. Er machte noch kaum Unterschiede zwischen den Mystikern und Mystikerinnen des Mittelalters.

Im 20. Jahrhundert war es der Benediktiner Ildefons Herwegen, Abt von Maria Laach, der an der Wiederentdeckung und Forschung lebhaften Anteil nahm. In seinem Geleitwort zur ersten Auflage der neuerdings bearbeiteten Werkausgabe legt er dar, wessen man sich lange Zeit nicht bewusst war, nämlich dass Hildegard nicht einfach mystischen Zeitgenossen und Nachfahren gleichzusetzen sei. Vielmehr trete sie gänzlich aus dem Rahmen ihrer Zeit heraus. „Der erhabene Aufstieg aus der Fülle natürlicher Einzelerscheinungen zur gewaltigen Harmonie des gesamten Kosmos und von der als Symbol geschauten und erlebten Natur zu dem über der Welt thronenden göttlichen, schöpferischen Urbilde alles Seins ist in seiner organischen Entfaltung das Formprinzip für das Gesamtwerk der rheinischen Seherin.“[34] Einige Benediktinerinnen, unter ihnen Maura Böckeler, Chorfrau der Abtei St. Hildegard zu Eibingen, haben sich um die Hildegard-Forschung verdient gemacht. Sie sorgten dafür, dass seit der Jahrhundertmitte die zuverlässig editierte deutsche Hildegard-Ausgabe die Verbreitung ihrer Schriften ermöglichte.

So kam eine Hildegard-Renaissance zustande. Die katholische Theologin Elisabeth Gössmann macht auf deren

34 Ildefons Herwegen, in: Hildegard von Bingen: Wisse die Wege (Scivias). Berlin 1928; Salzburg 1975, S. 13 f.

Bedeutung für feministische Theologie und Lebenspraxis aufmerksam. „Die gegenwärtige Frauenforschung in den verschiedenen wissenschaftlichen Disziplinen hat Hildegard von Bingen bereits als Kräuterkundige und als Komponistin gewürdigt, aber auch eine genaue Untersuchung ihres Weltbildes und Selbstbewusstseins unter femininologischem Aspekt wird nicht mehr lange auf sich warten lassen."[35] Auf einem anderen Blatt stehen jene eher einem vordergründigen Trend folgenden Versuche, Hildegard für allerlei Heilweisen oder Küchenrezepturen zu vereinnahmen. Außer Frage steht die große Faszination, die von ihr bis heute ausgeht, auch wenn es dem von einer flüchtigen Bilderflut verwöhnten Menschen der Gegenwart nicht immer gelingt, die Fülle und Tiefe von Hildegards Symbolsprache zu verstehen. Allzu groß mutet die Distanz an, die zwischen ihrer Weltsicht und Wirklichkeitsanschauung auf der einen Seite und der an Gentechnik, synthetisch hergestellten Heilmitteln und dergleichen interessierten Öffentlichkeit auf der anderen Seite besteht. In diesem Horizont verdient Hildegard von Bingen von Neuem ernst genommen werden.

Der Mystik-Forscher Josef Sudbrack S.J. (1925–2010) rät: „Wir sollten von Hildegard lernen, dass die Welt und die Menschen zum Schauen da sind; dass wir sie anschauend meditieren sollen; meditierend in ihre Tiefe eindringen – ob sich nicht ein Weg öffnet zur ewigen Ordnung Gottes."[36]

35 Elisabeth Gössmann, in: Gestalten der Kirchengeschichte. Mittelalter I. Hg. Martin Greschat. Stuttgart 1983, S. 236,

36 Josef Sudbrack: Meditieren und Schauen. Hildegard von Bingen und unsere Daseinserfahrung. In: Geist und Leben. 52.Jg. Heft 5/1979, S. 352.

II. Texte

Aus: „Scivias“ – Wisse die Wege

Vorrede – „Schreibe, was du siehst und hörst!“

Mit dem Hinweis darauf, dass die Verfasserin des „Scivias“- Buches in ihrem dreiundvierzigsten Lebensjahr (1141) einer besonderen Vision teilhaft geworden sei und wie sie diese Schau mit großer Furcht empfangen habe, eröffnet Hildegard von Bingen dieses ihr erstes großes Schriftwerk des spirituellen Schauens. Nach einer Vorrede gliedert sich das Werk in drei Buchteile, die sich mit den drei zentralen Themen der Heilsgeschichte beschäftigen, nämlich: Schöpfung mit Sündenfall, die Erlösung durch Jesus Christus, schließlich die Fülle und das Ende der Zeit. Gemäß der christlichen Zahlensymbolik wird die Offenbarung des dreieinigen Gottes transparent. Prinzipiell gilt der an ihre Leserschaft gerichtete Appell, das zu erkennen, was ihr in den einzelnen Visionen gezeigt und gesagt wird. Das ist die Fähigkeit, die ihr im Laufe der Zeit ebenfalls auf dem visionären Weg in der Gestalt einer spirituellen bzw. symbolischen Bibeldeutung geschenkt worden ist. Und sogleich geht sie in den Bericht ihres Schau-

Erlebens hinein, das sie als eine Licht-Erfahrung bezeugt.

Ich sah einen überaus großen Glanz. Eine himmlische Stimme ertönte aus ihm und redete zu mir: „Hinfälliger Mensch, Asche von Asche, Fäulnis von Fäulnis, verkünde und schreib nieder, was du schaust und vernimmst. Aber da du zu furchtsam bist, um zu reden, zu einfältig, um das Geschaute zu deuten, und zu ungebildet, um es zu beschreiben, so verkünde und beschreibe es nicht in der Weise, wie die Menschen reden, nicht so, wie menschlicher Erfindungsgeist erkennt, und nicht so, wie ein Mensch es darlegen wollte, sondern mithilfe der Gabe, die dir in himmlischer Schau geschenkt wird – so, wie du es in Gottes Wundern schaust und vernimmst."

„So verkünde es wie der, der auf die Worte seines Meisters aufmerksam hört und diese ganz nach Absicht und Willen des Meisters, so wie er es zeigt und anordnet, weitergibt. Du, Mensch, mache es ebenso! Verkünde, was du siehst und hörst, und schreibe es nieder: nicht so, wie es dir oder irgendeinem anderen Menschen gefallen mag, sondern so, wie der es will, der alles weiß, alles sieht und alles in den geheimen Tiefen seiner unerforschlichen Ratschlüsse fügt." (Scivias, S. 3)

Die Berichterstatterin sagt, in ihrem Innern habe sie, wie erwähnt, seit ihrem Kindesalter, das heißt etwa seit ihrem fünften Lebensjahr, dergleichen erlebt, sei es innerlich gesehen oder innerlich gehört. Das Geschehen ist, wie sie wiederholt betont, weder durch ein optisches Sehen noch durch ein akustisches Hören zu erklären. Diese Wahrneh-

mungen seien stets in einem klaren Bewusstseinszustand erfolgt. Da habe sie die Einsichten erlangt, die ihr nicht auf anderem Weg hätten zugänglich werden können. Nach und nach habe sich ihr der „Sinn der Schrift“ erschlossen; dessen spirituelle Bedeutung sei ihr einsichtig geworden. Eine philologische oder schulmäßig theologische Ausbildung hatte sie nicht.

Als ich dem Mädchenalter entwachsen war und die erwähnte Reife erlangt hatte, hörte ich eine Stimme vom Himmel her, die sprach: „Ich bin das lebendige Licht, das alle Dunkelheit erhellt. Hildegard, den Menschen, den ich auserkoren habe, weil es mir so gefiel, und den ich mit Macht in Erschütterung versetzt habe, habe ich mit großen Wundern umgeben, mehr noch als die Menschen in alter Zeit[37], denen viele Geheimnisse in mir offenbart wurden. Aber ich streckte ihn zu Boden, damit er nicht durch einen eingebildeten Geist überheblich werde. Die Welt freute und erquickte sich nicht an ihm, sie fand, er tauge nichts für weltliche Angelegenheiten, denn ich habe alle halsstarrige Kühnheit von ihm genommen … Die Spalten seines Herzens habe ich umhegt, damit sein Geist nicht stolz und ruhmsüchtig werde, sondern dass er aus all dem eher Furcht und Pein als Freude und Vergnügen ernte.

37 Hildegard macht auf diese Weise deutlich, dass ihre Visionen mit den prophetischen Offenbarungen – etwa aus der alt- und neutestamentlichen Zeit – zu vergleichen seien, wodurch sie sich selbst als die *prophetissa* versteht, als die sie bereits ihre Zeitgenossen betitelt haben.

So bedachte er[38] also aus Liebe zu mir [d.h. Gott] in seiner [Hildegards] Seele, wo er wohl den finden könne, der ihm helfend entgegeneile. Er fand einen[39] und liebte ihn im Wissen darum, dass er ein treuer Mensch sei, der sich so wie er selbst um Gottes Auftrag abmühte. Und er hielt fest an ihm. Gemeinsam arbeiteten sie im erhabenen Bestreben, meine [Gottes] verborgenen Wunder bekanntzumachen.

Doch er [d.h. Hildegard] wurde nicht überheblich, sondern wandte sich in der Selbsterhöhung der Demut und im zielstrebigen guten Wollen seufzend dem zu, den er gefunden hat [nämlich Volmar]. – Du also, o Mensch, der du dies alles nicht in verwirrender Täuschung, sondern in einfältiger Reinheit empfängst, bist beauftragt, das Verborgene bekanntzumachen. Darum: Schreibe, was du siehst und hörst!" (Scivias, S. 4–5)

Was Hildegard auf diese Weise in sich aufnimmt, dem widersetzt sie sich zuerst. Sie weigert sich, etwas aufzuschreiben. Das geschieht, wie sie ausdrücklich hervorhebt,

nicht aus trotzigem Widerstreben, sondern aus dem Gefühl meiner Unzulänglichkeit ..., bis die Geißel Gottes mich ins Krankenbett zwang. Erst dann machte ich mich, von den vielen Leiden besiegt, ans Schreiben. Ein Mäd-

---

38 Hildegard spricht immer noch in dritter Person von sich und ihrem Ergehen.

39 Es ist der Mönch Volmar vom Disibodenberg, der zu dieser Zeit als Hildegards Sekretär für die ersten Niederschriften von „Scivias" diente. Er verstand sich offenbar als „Vorsteher des Rupertsberger Klosters" (vgl. H. Kastinger Riley: Hildegard von Bingen, S. 17).

chen aus adeligem Hause und wohl gesittet[40] und der Mann [Volmar], den ich, wie oben bereits erwähnt, insgeheim gesucht und gefunden hatte, waren meine Zeugen.

Als ich nun anfing zu schreiben und sogleich, wie zu Anfang schon gesagt, spürte, wie die Gabe der Deutung der Schrift nach deren tiefem Sinn in mir am Werk war, kam ich wieder zu Kräften und genas von meiner Krankheit. Nur unter Mühen konnte ich dieses Werk in zehn Jahren schaffen und vollenden. (Scivias, S. 5–6)

Der Lichtherrliche

Nach der Vorrede kommt Hildegard auf die Vision zu sprechen, die auf der zweiten Miniatur des Rupertsbergers Codex als „der Leuchtende“ dargestellt ist. Auf einem großen „eisenfarbenen Berg“ thront er, der Lichtherrliche, ein geflügeltes, mit Augen übersätes Wesen von beträchtlichen Ausmaßen. Weitere Gestalten treten ins Bild. Die Beschauerin ist durch das sich ausbreitende Licht geblendet. Eine apokalyptische Stimmung, die in mancher Hinsicht Szenen der Johannes-Offenbarung im Neuen Testament ähnelt, kommt auf.

Und aus dem, der auf dem Berg saß, sprühten auch viele lebendige Funken, und sie umschwebten die Gestalten mit sanftem Leuchten. Der Berg selbst war mit sehr vie-

40 Richardis von Stade, die ebenfalls als Sekretärin und Helferin zu Diensten stand. Beide Frauen verband eine enge Freundschaft, die – wie aus dem Briefwechsel ersichtlich – durch Abberufung von Richardis als Äbtissin des Frauenstifts Bassum bei Bremen und ihren frühen Tod jäh abgebrochen wurde.

len kleinen Fenstern versehen, und in diesem wurden die – zum Teil bleichen, zum Teil weißen – Häupter von Menschen sichtbar. Und siehe da: Der auf dem Berg saß schrie mit lauter, durchdringender Stimme:

„Hinfälliger Mensch, Staub vom Staub der Erde, Asche von Asche, rufe laut aus, wie man zur Erlösung gelangt, die alles wiederherstellt, damit diejenigen belehrt werden, die den tiefsten Sinn der Schrift zwar kennen, ihn aber dennoch nicht kundtun oder predigen wollen.[41] Denn taub sind sie und tun sich schwer, auf die Gerechtigkeit Gottes zu achten. Ihnen mache die verborgenen Geheimnisse bekannt, die sie voller Furcht heimlich im Acker vergraben, ohne dass sie Früchte tragen.[42]

Brich hervor wie ein sprudelnder Quell und ergieße die geheimnisvolle Kunde, damit durch das Strömen deiner Wasser diejenigen wachgerüttelt werden, die dich [als Frau] verachten aufgrund der Sünde Evas. Denn diese Schärfe des Geistes und diese Tiefe werden dir nicht von einem Menschen zuteil. Sie werden dir vielmehr vom himmlischen, Furcht erregenden Richter von oben gegeben, wo dieses starke Licht in klarer Helligkeit unter den Leuchtenden strahlen wird.[43]

---

41 In dieser Äußerung verbirgt sich eine Kritik an Teilen der zeitgenössischen Theologenschaft, die ihre Aufgabe in Verkündigung und Seelsorge sträflich vernachlässigt.

42 Anspielung auf das Gleichnis Jesu (Mt 18; Lk 19) von jenen, die die von ihrem Herrn anvertrauten Pfunde (Talente) vergraben, statt damit ertragreich zu arbeiten.

43 Im Gegenüber zu der von Hildegard ermahnten Geistlichkeit versteht sie sich zwar als Tochter Evas, durch die die Sünde auf die Welt gekommen sei, jedoch die ihr zuteil werdende Erkenntnis ist nicht von Eva abzuleiten; sie kommt vielmehr von oben.

So steh denn auf und rufe hinaus, was dir kundgetan wird durch die so starke Kraft göttlichen Beistands, denn der, der seine gesamte Schöpfung mächtig und milde lenkt, durchdringt die, die ihm in Hingabe und Liebe und im Geist der Demut dienen, mit dem Licht himmlischer Erleuchtung, und wenn sie beharrlich den Weg der Gerechtigkeit gehen, dann führt er sie den Freuden der ewigen Anschauung entgegen.“ (Scivias, S. 7–8)

Nachdem der Leuchtende mit diesen Worten sich selbst vorgestellt und als ein übermenschliches, in den Kosmos hineinragendes, ihn erfüllendes Wesen kundgetan hat, geht es darum, das zu entschlüsseln, was die Seherin aufgenommen hat. Das besagt die Aufforderung: Erkenne nun, was du siehst! Es handelt sich um eine Weise, die allegorische Aussage zu übersetzen. So fährt sie fort:

Der große, eisenfarbene Berg versinnbildlicht die Stärke und die beständige Dauer des ewigen Reiches Gottes, das durch keinerlei vergängliche Veränderlichkeit angegriffen und zerlöst[44] werden kann. Der auf dem Berg in so strahlendem Licht thront, dass die Herrlichkeit deine Augen blendet, versinnbildlicht im Reich der Seligkeit den Herrscher des ganzen Erdkreises im aufleuchtenden Blitz unvergänglichen Lichtes, in göttlicher Erhabenheit. Für den Geist des Menschen ist er unerfassbar. Doch wie Flügel von wunderbarer Breite und Länge breitet sich von beiden Seiten ein schwacher Schatten aus. Das ist der in Treue umsorgende, milde Schutz, der die Geschöpfe

44 Im Sinne von „aufgelöst“.

mit Ermahnung und Zucht selig umhegt und durch den letztendlichen Sieg der ausgleichenden Weisheit die unaussprechliche Gerechtigkeit nach rechtem Maß und in Güte offenbart. (Scivias, S. 8–9)

Die Seherin wird nun der gebotenen, bereits anwesenden Gottesfurcht gewahr, die sich in dieser Konfrontation mit dem Leuchtenden einstellt. Aus ihr ergibt sich eine numinose, d.h. eine sich der Gegenwart des Allheiligen bewusst werdende, sie ergreifende Empfindung.

Am Fuß des Berges steht vor ihm ein Wesen, das völlig mit Augen übersät ist. Das ist die Furcht des Herrn, die vor Gott steht. Voller Demut und ganz umgeben vom Mantel durchdringender Schau guten und gerechten Strebens richtet sie ihren Blick auf Gottes Reich. In den Menschen bewirkt sie Eifer und Beharrlichkeit. Die Augen sind so zahlreich, dass du ihretwegen nicht einmal die Konturen eines Menschen an diesem Wesen erkennen kannst. Denn indem es unbeirrbar schaut, schüttelt es jegliches Vergessen der göttlichen Gerechtigkeit von sich ab, das des Menschen Geist so oft einlullt, und ihre wachsame Aufmerksamkeit wird von keinem neugierigen Nachforschen gestört, das den Sinn der Sterblichen betäubt … (Scivias, S. 9)

Und wenn dann schließlich von dem, der auf dem Berg sitzt, viele lebendige Funken versprüht werden, die die beiden Gestalten mit mildem Leuchten umschweben, dann bedeutet das, dass vom allmächtigen Gott her vielfältige, überaus starke und in göttlicher Herrlichkeit strahlende Kräfte kommen, um diejenigen mit Hilfe und

Schutz zu umhegen und mit der besänftigenden Glut ihres Wirkens zu umfassen, die Gott wahrhaftig fürchten und in treuer Liebe der Armut im Geiste[45] zugetan sind …

Der Mensch, der weder die Gerechtigkeit tun noch die Bosheit ausrotten oder seine Schulden tilgen will, der schwächt sich selber und macht sich arm. In seinem Müßiggang erwirbt er keinen Anteil an den wunderbaren Werken der Seligkeit. Derjenige aber, der die heldenhaften Werke des Heiles verrichtet und den Weg der Wahrheit beschreitet, der legt eine Quelle unversiegbarer Herrlichkeit frei, und durch sie erwirbt er die wertvollsten Schätze im Himmel und auf Erden. (Scivias, S. 10)

Wer die Erkenntnis im Heiligen Geist und die Flügel des Glaubens erlangt, der möge meine Ermahnung nicht achtlos beiseite lassen, er verkoste sie vielmehr, er umfasse sie und bewahre sie in seiner Seele auf! (Scivias, S. 11)

Jenseits von Eden

Der Fall Luzifers, so weiß die Schreiberin in Anlehnung an die biblische Sündenfallgeschichte zu berichten, war die Ursache dafür, dass das „lichtdurchstrahlte Land“ des Paradieses von einem „entsetzlich finsteren Nebel aus dem Abgrund des tiefsten Verderbens“ bedeckt und damit auch der Mensch verdüstert worden ist. Der in Adam und Eva zu einer Einheit verbundene männlich-weibliche Mensch ging seiner ursprünglichen Lichtgestalt ver-

45 Gemäß der ersten Seligpreisung (Mt 5,3): „Selig sind, die geistlich arm sind, denn das Himmelreich ist ihrer.“

lustig. Nicht länger in Eden, sondern von da an weit „jenseits von Eden" erstreckt sich der Lebens-, Arbeits- und Leidensraum der Menschheit. Der Urstand im Licht ist verloren gegangen. Hildegard geht aber nicht nur der Frage nach, woher das Böse kommt und zu welchen Konsequenzen der große Abfall aus der Gemeinschaft mit Gott führt. Sie lässt sich sagen, inwiefern die Einheit zweier Menschen, die geschlechtliche Liebe, einen verbleibenden Rest der ursprünglichen Einheit bewahrt hat. Freilich darf man von einer Ordensfrau des Mittelalters im Hinblick auf die Liebesverbindung zweier Menschen kaum eine andere Sinngebung erwarten als die der Zeugung von Nachkommenschaft. Anders bei Mechthild von Magdeburg[46], die den Eros mit Frömmigkeit und Spiritualität zu verbinden vermochte.

Die Tatsache, dass die erste Frau aus dem Mann gebildet wurde, ist ein Hinweis auf die eheliche Verbundenheit der Frau mit dem Mann. Diese Vereinigung darf nicht ohne Ziel und gottvergessen vollzogen werden; denn Gott, der die Frau dem Mann entnommen hat, hat diese Verbindung als gut und ehrbar gestiftet, um Fleisch aus Fleisch hervorgehen zu lassen. So wie also Adam und Eva *ein* Fleisch waren so werden auch jetzt Mann und Frau *ein* Fleisch in der liebenden Vereinigung zur Fortpflanzung des Menschengeschlechts. Deshalb muss zwischen beiden vollkommene Liebe walten, so wie einst zwischen den ersten Menschen.

46 Mechthild von Magdeburg: Das fließende Licht der Gottheit. Textauswahl und Kommentar von Gerhard Wehr. Wiesbaden 2010.

Adam hätte seine Frau verklagen können[47], weil ihm ihr Rat den Tod eingebracht hatte. Trotzdem entließ er sie nicht, solange er auf Erden lebte, denn er erkannte, dass sie ihm durch die Macht Gottes als Gefährtin beigegeben war. Um der vollkommenen Liebe willen also möge der Mann seine Frau nicht verlassen. Es möge keine Scheidung zwischen ihnen geben, außer wenn beide sich darüber einig sind, auf meinen Sohn [d.h. Christus] schauen zu wollen und in brennender Liebe zu ihm sprechen: „Wir wollen der Welt entsagen und dem nachfolgen, der für uns gelitten hat."[48]

Wenn jedoch nicht beide einhellig und fromm darin übereinkommen, dann sollen sie sich in keinem Fall trennen. Denn gerade so, wie das Blut nicht vom Fleisch getrennt werden kann, solange der Geist darin wohnt, so dürfen sich auch Mann und Frau nicht scheiden lassen; sie sollen vielmehr einmütig zusammen ihres Weges gehen. (Scivias, S. 20)

Das ausführliche Kapitel über den Ursprung des Bösen und die Tragik von Adam und Eva lässt die Seherin schließlich in die Worte einmünden:

Die Liebe umhüllt den eingeborenen Sohn Gottes im Himmel im Schoß des Vaters. Doch die Liebe ist es auch, die ihn [den Sohn Gottes] zur Erde hinab sandte in den

47 Hätte er denn das? – Eine erstaunliche Äußerung aus dem Mund Hildegards!

48 Hildegard und Ihresgleichen halten eine Ehescheidung offenbar dann für möglich und gerechtfertigt, wenn beide Partner nach der Trennung als Mönch und Nonne in einem Kloster leben!

Schoß der Mutter [Maria]. Sie verachtet weder die Sünder noch die Zöllner, sie fordert vielmehr die Rettung aller. Sie erweicht die harten Herzen, indem sie die Quelle der Tränen in den Augen der Gläubigen zum Fließen bringt ... Deshalb, ihr Menschen, strebt nach Demut und Liebe zur Ehre Gottes und euch zum Heil. Mit beiden als Waffen werdet ihr vor den Versuchungen des Teufels keine Furcht haben, sondern vielmehr das unvergängliche Leben erwerben.

Wer die Erkenntnis im Heiligen Geist und die Flügel des Glaubens erlangt, der möge meine Ermahnung nicht achtlos beiseite lassen, er verkoste sie vielmehr, er umfasse sie und bewahre sie in seiner Seele auf!
(Scivias, S. 37–38)

Mensch und Kosmos

Inmitten des vielgliedrigen, von konzentrischen Kreisen der Elemente mit Feuer und Wasser umrundeten Weltenbaues steht nach Sicht der Seherin der Mensch. So schildert Hildegards Buch der „Göttlichen Werke" (Liber divinorum operum) die Schöpfung; und eine Seite im Genter Hildegard-Codex gibt diese Ganzheitsgestalt beeindruckend wieder.[49] *Der Kreis und die Kugelform stellen das dazugehörige Symbol menschlicher wie kosmischer Totalität dar. Aber in der dritten Schau von „Scivias" verwendet Hildegard zur Veranschaulichung ihrer Vision auch*

49 Hildegard von Bingen: Welt und Mensch. Das Buch *De operatione Dei.* Übersetzt von Heinrich Schipperges. Salzburg 1965, Abb. nach S. 80.

die Ei-Form, wenn sie dieses Kapitel mit den Worten eröffnet:

Hernach sah ich ein riesengroßes Etwas [im lateinischen Original: instrumentum], rund und schattenhaft. Wie ein Ei wurde es nach oben hin spitzer, in der Mitte wiederum breiter und unten wieder schmäler.

Seine Oberfläche bestand ringsherum aus hellem Feuer. Darunter befand sich eine dunkle Haut. In dem hellen Feuer schwebte ein rötlich schimmernder Feuerball, der so groß war, dass das Ganze von ihm mit Licht erhellt wurde. Über ihm brannten drei Lichter, eines nach dem anderen. Sie verliehen ihm durch ihre Glut Halt, damit er nicht untergehe.

Ab und zu ging der Feuerball nach oben, und es schlug ihm viel Feuer entgegen, sodass seine Flammen weiter nach außen loderten. Vom hellen Bereich des Feuers, der dieses Etwas umschloss, ging ein Wind mit seinen Wirbeln aus. Auch von der dunklen Haut, die sich darunter befand, ging ein Wind los und blies mitsamt seinen Wirbeln in diese und jene Richtung durch dieses Etwas hindurch. In dieser Haut glomm ein so schrecklich düsteres Feuer, dass ich es nicht ertrug, dies anzuschauen. Dieses Feuer wütete so heftig, dass die ganze Haut davon ergriffen wurde. Es war nämlich voller Lärm, Sturmesbrausen und großen wie kleinen spitzen Steinen.

Wenn es zu toben anhob, dann versetzte es auch das helle Feuer, die Winde und die Luft in Aufruhr. Sie schleuderten ihre Blitze aus, die dem Lärm zuvorkamen. Denn das Feuer spürte in sich sofort, sobald sich das Getöse zu regen begann. (Scivias, S. 40)

Nach weiteren als dramatische Prozesse geschilderten Bildern vernimmt die Seherin fortführende Botschaften von der und über die Gottheit. Hildegard bespricht die verschiedenen Seinsebenen, auf denen sich die Schöpfung manifestiert. Im Übrigen liegt es im Wesen derartiger Texte, dass Wiederholungen bewusst eingestreut sind. Sie dienen dem Leser als Hilfe für eine anhaltende Vergegenwärtigung der bereits beschriebenen Situation.

Nun hörte ich die Stimme vom Himmel abermals. Sie sprach zu mir: Gott, der durch seinen Willen das All ins Sein rief, hat jedes einzelne Ding erschaffen, damit sein Name bekannt und verherrlicht werde. Doch er offenbart durch seine Schöpfung nicht nur das Sichtbare und Zeitliche, sondern auch das Unsichtbare und Ewige. Darauf weist das Gesicht[50] hin, das du schaust.

Das riesengroße Etwas, das dir erscheint und das rund und schattenhaft und wie ein Ei oben spitz, in der Mitte breiter ist und nach unten hin wieder schmäler zuläuft, ist für den, der glaubt, ein Hinweis auf den allmächtigen Gott, unfassbar in seiner Majestät, unerforschlich in seinen Geheimnissen und die Hoffnung all derer, die glauben …

Die Oberfläche ringsum ist helles Feuer, und darunter befindet sich eine dunkle Haut. Das ist ein Sinnbild dafür, dass Gott die Menschen, die den wahren Glauben verlassen, im Feuer seiner Rache brennt, die anderen jedoch, die am katholischen[51] Glauben beharrlich festhal-

50 Gemeint ist die Vision, die Hildegard empfängt.
51 „Katholisch" ist verständlicherweise schon aus historischen Gründen nicht in konfessioneller Hinsicht gemeint. Die Seherin hat vielmehr die

ten, im Feuer des Trostes läutert. So ringt er die Finsternis diabolischer Perversion nieder, wie dies auch geschah, als es der von Gott erschaffene „Lichtträger“[52] wagte, sich ihm zu widersetzen. Zurückgeworfen, stürzte er hinab in ewiges Verderben.

Ein rötlich schimmernder Feuerball befindet sich in diesem Feuer. Er ist so groß, das das ganze Etwas von seinem Licht erhellt wird. Mit dem Glanz seiner Herrlichkeit verweist er auf den eingeborenen Sohn in Gott, dem Vater: auf den Unaussprechlichen, auf die Sonne der Gerechtigkeit im Aufleuchten des Blitzes brennender Liebe. Er erstrahlt in solcher Herrlichkeit, dass eine jede Kreatur von der Helligkeit seines Lichtes durchdrungen wird.

Drei Leuchten brennen eine nach der anderen über dem Feuerball. Sie verleihen ihm Halt durch ihre Glut, damit er nicht untergehe. Als Dienende geben sie im Geheimnis der Dreieinigkeit davon Kunde, dass der Sohn Gottes vom Himmel auf die Erde herabkam. Er ließ die Engel im Himmel zurück und nahm von den Menschen, die seiner hellen Klarheit folgten, allen Schaden verursachenden Irrtum fort, sofern sie ihn als den wahren Sohn Gottes bekennen, der Fleisch geworden ist aus der wahren Jungfrau. So bringt der Engel Kunde von ihm, und der Mensch, der in Seele und Leib lebt, nahm ihn auf in gläubiger Freude.

Darum geht der Feuerball ab und zu nach oben, und es schlägt ihm viel Feuer entgegen, sodass seine Flammen

---

Christenheit in ihrer ökumenischen Gesamtheit im Blick.

52 Luzifer, dessen Sturz aus der Lichtwelt in den Abgrund dem Sündenfall des Menschen vorausgeht.

noch weiter emporlodern. Sie verweisen auf die Stunde, in der der eingeborene Sohn Gottes nach dem Willen des Vaters zur Erlösung und Erhöhung des Menschengeschlechts fleischliche Gestalt annehmen sollte. Auf wundersame Weise vollbrachte da der Heilige Geist in der Kraft des Vaters himmlische Geheimnisse in der seligen Jungfrau, und der Glanz der Glorie umstrahlte die Jungfräulichkeit, da Gottes Sohn aus der Reinheit einer niedrigen Magd den einzigartigen Glanz jungfräulicher Fruchtbarkeit hervorbrachte. Denn in der edlen Jungfrau kam es zur Erfüllung aller Sehnsucht, zur Menschwerdung Gottes ... (Scivias, S. 41–44)

So eingehend Hildegards Visionen die Taten und Wandlungen des Lichts schildern, an der Realität der Finsternis, die zugleich Inbegriff des Bösen und Widergöttlichen ist, geht sie nicht vorüber. Deshalb kommt sie auf verschiedene Erscheinungsformen des Negativen zu sprechen, handle es sich um Ketzerei, Aberglaube und darauf basierende Sterndeuterei oder Okkultismus. In Hildegards Augen sind derlei Unternehmungen letztlich gegen die Göttlichkeit Gottes gerichtet. Daher gibt es diesbezüglich keine Duldung.

Niemals gehen die Werke des Lichts mit den Werken der Finsternis eine Verbindung ein oder erheben sich die Werke der Finsternis zu den Werken des Lichts empor. Da mag der Teufel sich noch so sehr anstrengen, mithilfe böser Menschen oft das Licht zu verdunkeln, wie er es durch die Heiden, die Häretiker, die falschen Propheten und all jene tut, die sich durch trickreiche Täuschungen

von ihnen betören lassen. Indem sie Dinge wissen wollen, die sie nicht wissen sollen, eifern sie dem nach, der dem Allerhöchsten gleich sein wollte. Doch damit folgen sie dem nach, der sie täuscht und ihnen nach ihrem Willen die Lüge als Wahrheit ausgibt. Mit mir [d.h. mit Gott] aber sind sie nicht, und ich bin nicht mit ihnen. Denn sie gehen nicht auf meinen Wegen, sie lieben vielmehr fremde Pfade, weil sie bei der vernunftlosen Kreatur danach forschen, was sie ihnen über die Ursachen der Zukunft in betrügerischer Weise kundtut ... Die Menschen stellen mich durch ihre gottlose Kunst auf die Probe.
(Scivias, S. 49–50)

Von der Seele und ihren Kräften

Die vierte Vision wendet sich den Erlebnisfähigkeiten des Menschen zu, angefangen bei seiner Triebstruktur bis hin zu den Weisen des Erkennens und des Wollens. Vielleicht darf man bei einem Teil der Ausführungen Hildegards nicht im strengen Sinn des Wortes an Inhalte einer geistigen Schau denken. Schließlich hat die auf der Höhe und in der Mitte ihres tätigen Lebens stehende Ordensfrau ein entsprechend großes Pensum an alltäglicher Lebenserfahrung erlangt, die als Basis und Ausgangspunkt für den Aufweis weiter reichender Entsprechungen – hier mit Blick auf Leib und Seele – angewendet werden kann.

Zwar ist der Mensch aus der Hand seines Schöpfers kommend in Gott geborgen, aber es gibt einen irritierenden Zwiespalt: den, der zwischen Geist und Fleisch klafft. Es ergeben sich Irrtümer und Verfehlungen, die letztlich von der „alten Schlange", Inbegriff des Bösen und Widergöttlichen, von ihrer Schlauheit und Verführungstendenz herrühren. Sie ist es, die beim Menschen einen „trotzigen Mut zur Sünde" erzeugt. Es ist der Mutwille, dem Willen Gottes zu widerstehen. Das macht ihn anfällig, hinfällig und der Erlösung bedürftig. Hildegard ruft sodann das Bild des Baumes auf, um Wesen und Tätigkeit der Seele mit ihren Kräften und Entfaltungsmöglichkeiten anhand dieses elementaren Symbols verständlich zu machen. Von daher sucht sie sich mit Hilfe von Analogien eine Vorstellung von dem wechselnden Charakter der einander folgenden menschlichen Lebensalter zu verschaffen.

So wie die ersten Triebe eines Baumes zart sind, wie der Baum dann Früchte bekommt und diese schließlich reif werden zum Verzehr, so entfalten sich auch die Kräfte der Seele nach und nach im Verhältnis zum Wachstum des Leibes. Während der Kindheit erscheint die Seele einfältig, in der Jugendzeit kraftvoll. Im Erwachsenenalter, wenn alle Blutgefäße des Menschen gefüllt sind, entfaltet sie ihre stärksten Kräfte in der Weisheit. Genauso aber, wie sich der Saft eines Baumes aus den Zweigen und Blättern zurückzieht, sobald der Winter naht, und genauso wie sich der Baum zu biegen beginnt, wenn er alt wird, so weichen auch die Kräfte der Seele im Greisenalter zurück, wenn das Mark und die Adern schon schwächer werden, und den Geist vedrießt gleichsam das menschliche Wissen.

Der Mensch trägt drei Wege in sich, auf denen sich das Leben vollzieht: die Seele, den Leib und die Sinne. Die Seele macht den Leib lebendig und leitet den Lebensodem auch in die Sinne. Der Leib zieht die Seele an und schließt die Sinne nach außen hin auf. Die Sinne schließlich rühren an die Seele und leiten dem Körper die Reize [der Sinnenwelt] weiter.

So wie das Feuer sein Licht in die Dunkelheit verströmt, so verleiht die Seele dem Leib das Leben. Sie verfügt über zwei hauptsächliche Kräfte wie gleichsam über zwei Arme: Erkenntnis und Wille. Keineswegs ist es so, dass die Seele die Arme bräuchte, um sich zu bewegen, vielmehr tut sie sich in diesen Kräften so kund wie die Sonne in ihrem Glanz …

Der Erkenntnis kommt es vor allen anderen Kräften der Seele zu, Einsicht darüber zu gewinnen, ob im Tun des Menschen etwas gut oder böse sei. Wie ein Meister durchschaut sie alles; alles würfelt[53] sie durch, so wie man den Weizen von der Spreu trennt. Sie erkundet, ob etwas nützlich oder schädlich, liebenswert oder hassenswert sei, dem Leben oder dem Tod diene. Die übrigen Kräfte der Seele sind ohne sie jeder Einsicht bar und stumpf, so wie die Speise schal ist ohne das Salz …

Eine Zeltstatt ist das Gemüt im Herzen für den Willen. Die Erkenntnis, der Wille und alle Kräfte der Seele senden ihrer jeweiligen Stärke entsprechend ihren Hauch in diese Zeltstatt [des Leibes].

Sie alle werden darin warm und verschmelzen miteinander. Wie das? Wenn der Zorn hochkommt, dann schwillt die Galle an und verströmt ihre Ausdunstung im

---

53 Hildegard denkt an die Tätigkeit des *Worfelns;* man wirft das mit Dreschflegeln gedroschene Getreide in die Höhe, um, wie im traditionellen Landbau einst üblich, die Spreu vom Weizen zu trennen.

Zelt, und auf diese Weise entsteht die Tat des Zornes.[54] Wenn die böse Lust erwacht, dann fängt an ihr die Begierde Feuer; es gesellt sich die Leichtfertigkeit der Sünde dazu, und beide ergießen sich zusammen in das Zelt, um sich dort zu vereinen.

Doch in diesem Zelt entzündet sich auch eine andere, eine liebenswerte Freude. Der Heilige Geist ist es, der sie anfacht. Die Seele nimmt sie frohgemut und gläubig in sich auf und tut ein gutes Werk in Sehnsucht nach dem Himmel. Aus den Säften, die sich im Umkreis der Galle befinden, kann eine gewisse Traurigkeit in diesem Zelt hervorgehen. Wenn dann die Gnade Gottes nicht schnell zu Hilfe eilt und die Seele befreit, dann wird aus dieser Traurigkeit eine Lähmung des Geistes und erzeugt im Menschen Überdruss, Herzenshärte und Starrsinn. Sie hemmt den Elan der Seele. Widerfährt dem Zelt Unangenehmes, so erfüllt es sich leicht mit Hass und anderen todbringenden Leidenschaften, die die Seele dahinraffen und sie zerstört und in Verderbnis zurück lassen …

Die Seele ist also für den Leib das, was der Saft für den Baum ist. Sie entfaltet ihre Kräfte so, wie sich der Baum in seiner Gestalt entwickelt. Die Erkenntnis ist wie das

---

54 Verständlicherweise geht Hildegard von der alten, bereits in der Antike entwickelten Säftelehre aus, mit deren Hilfe Seelenregungen durch Körpersekrete – hier der Zorn als Reaktion des Galleflusses – erklärt worden sind. Aus dem Textzusammenhang wird ersichtlich, dass die Schreiberin jene Säfte lediglich für die charakterliche Struktur verantwortlich macht. Handelt es sich aber um Impulse für freudig vollzogene Taten der Gottes- und der Nächstenliebe, so verweist Hildegard auf die Wirksamkeit des Heiligen Geistes. Es bedarf ferner der göttlichen Gnade, damit die auf psychosomatischer Ebene eintretenden Unstimmigkeiten wie Niedergeschlagenheit oder Trauer ausgehalten und schließlich umgewandelt werden können.

Grün in den Zweigen und Blättern, der Wille ist den Blüten gleich, das Gemüt ist gleichsam die Frucht, wenn sie erstmals hervorbricht, und die Vernunft ist die Frucht in ihrer vollen Reife. Und schließlich ist der Sinn der Ausdehnung des Baumes der Höhe und Breite nach zu vergleichen.

Auf diese Weise ist die Seele innerer Halt und tragender Untergrund des Leibes. Darum, o Mensch, erkenne, was du in deiner Seele bist, der du die gute Gabe der Erkenntnis von dir abschüttelst und dich auf eine Ebene mit den Tieren stellen willst. (Scivias, S. 78–84)

Nach dem Hinweis darauf, dass es Gott auch ist, der „Stürme“ und allerlei Belastungen sowie Prüfungen in das menschliche Leben sendet, weshalb es Mühe macht, in das Reich Gottes zu gelangen, schließt Hildegard hier erneut mit einem aufrüttelnden Appell:

Darum, ihr Gläubigen, jagt den Geboten Gottes nach, damit euch die Verdammnis des Todes nicht einholt. Eifert dem neuen Adam [Christus] nach und werft den alten Menschen von euch ab. Dem, der läuft, ist das Reich Gottes aufgetan, dem aber, der am Boden liegt, bleibt es verschlossen … –

Wer die Erkenntnis im Heiligen Geist und die Flügel des Glaubens erlangt, der möge meine Ermahnung nicht achtlos beiseite lassen, er verkoste sie vielmehr, er umfasse sie und bewahre sie in seiner Seele auf!
(Scivias, S. 91–92)

Die umschattete Synagoge

Am Straßburger Münster, am Bamberger Dom und an anderen gotischen Kirchen trifft man sie an: eine Frauengestalt, die gesenkten Hauptes, verschleierten Blickes, einen gebrochenen Stab in ihren Händen, neben der Pforte steht: Es ist die Synagoge, Allegorie für das alte Gottesvolk der Juden. Ihr gegenüber die gekrönte Ekklesia: Stolz hat sie den Kreuzstab ergriffen. Erkenntnis und siegesbewusste Zuversicht strahlen von ihr aus; bei der Synagoge sind Blindheit und Schmach unverkennbar, Ausdruck großer Traurigkeit. Mit einer ähnlichen zeitüblichen Einschätzung des Verhältnisses, das zwischen dem Alten und dem Neuen Bund, zwischen Juden und Christen besteht, blickt Hildegard auf die Synagoge herab. Dabei räumt sie immerhin ein, dass die Vertreterin des Alten Bundes, die selbst einmal die Verlobte ihres Gottes gewesen ist, die Braut Christi bewundert. Daher ist nichts Rühmliches an der Synagoge, sondern nur Grund, dass sie Mal um Mal nach allgemein üblicher Praxis verachtet werde. An die Stelle Abrahams, des Mose und der anderen alttestamentlichen Propheten ist nun ein anderer getreten: der neue Adam, Christus (Röm. 5,12 ff), mit ihm vereint die herrschende Kirche. Hildegard findet sich, wie nicht anders zu erwarten, mit dieser Tatsache ab. Das zeigt ihre zeitübliche allegorische Deutung der Synagoge.

Und hernach sah ich eine Frauengestalt. Sie war schattig vom Scheitel bis hin zur Leibesmitte, und von der Leibesmitte bis hin zu den Füßen war sie schwarz; an den

Füßen selbst war sie blutig rot. Eine glänzende weiße, vollkommen reine Wolke schwebte um ihre Füße. Doch die Gestalt hatte keine Augen. Die Hände klemmte sie unter die Achseln. Sie stand neben dem Altar, der sich vor den Augen Gottes befindet, doch sie rührte nicht an ihm. Abraham war in ihrem Herzen und Mose in ihrer Brust, die übrigen Propheten waren in ihrem Leib. Alle hatten ihre Erkennungsmerkmale, und voller Bewunderung blickten sie empor zur Schönheit der neuen Braut. Die Frau war groß, so wie ein mächtiger Turm einer Stadt. Auf ihrem Haupt hatte sie einen Stirnreif, der strahlte wie das Morgenrot ....

So war die Synagoge voller Bewunderung für die Kirche, die neue Braut, da sie erkannte, dass sie selbst nicht mit den gleichen Tugenden ausgestattet war. Denn die Kirche ist vom Schutz der Engel umhegt, damit der Teufel sie nicht zugrunde richte und niedermache. Doch die Synagoge wurde von Gott verlassen und liegt in ihren Lastern versunken.

Deshalb zeigt sich dir die Frau von der Leibesmitte bis hin zu den Füßen schwarz. Denn von der Zeit, als sie in der Fülle ihrer großen Macht stand, bis dahin, da ihre Zeit abgelaufen war, befleckte sich die Synagoge, weil sie gegen das Gesetz verstieß und dem Bund der Väter untreu wurde. In vielerlei Hinsicht missachtete sie die Gebote Gottes und erlag den Verlockungen des Fleisches ...

Sie steht neben dem Altar, der sich vor den Augen Gottes befindet, doch sie rührt nicht an ihm. Die Synagoge erkannte Gottes Gesetz, das sie gemäß göttlicher Anordnung und in Einsicht zwar in äußerlicher Weise emp-

fing, doch sie gelangte nicht dahin, es zuinnerst zu ergreifen. Sie schreckte nämlich davor zurück, anstatt es zu lieben. Und nur in nachlässiger Weise bot sie Gott ihre Opfer und den Weihrauch frommen Gebetes dar …
(Scivias, S. 93–96)

In der Weise einer typologischen Auslegung des Alten Testaments möchte Hildegard darlegen und begründen, weshalb die Synagoge schuldig geworden sei. Szenen der hebräischen Bibel legt sie aus, um darzutun, dass das alte Bundesvolk der Juden letztlich sein tragisches Schicksal selbst verschuldet habe. Mit dieser Einschätzung steht die Seherin, wie bekannt, nicht allein, denkt man daran, dass zu ihrer Zeit die gegen den Islam gerichteten Kreuzzüge mit antijüdischen Ausschreitungen speziell in Städten des Rheinlandes (Mainz, Worms, Speyer), also in Hildegards unmittelbarer Umgebung, verknüpft waren!

Doch höre, Mensch, und begreife! So wie Samson von Dalila, seiner Frau, getäuscht wurde, sodass er sein Augenlicht verlor, ebenso hat die Synagoge Gottes Sohn verlassen, als sie ihn in ihrer Halsstarrigkeit verachtete und seine Lehre von sich wies. Aber nachdem das Haupthaar Samsons wieder nachgewachsen war, das heißt, nachdem die Kirche Gottes stark geworden war, verstieß Gottes Sohn in seiner Vollmacht die Synagoge und entzog ihren Kindern das Erbe. Gottes Eifer vernichtete sie mithilfe der Heiden, die vorher Gott nicht kannten. Denn sie hatte sich jeder Art von Schande und Spaltung ausgesetzt und sich mit jeglicher Art von Sünde besudelt …
(Scivias, S. 98)

Was das endgültige Schicksal der Synagoge anlangt, so kennt Hildegard jene Römerbriefstelle (Kapitel 11), an der sich die Antwort auf die von den Theologen seit zwei Jahrtausenden bewegte Frage findet, ob Gott sein Volk endgültig verstoßen habe. Und da heißt es lapidar: „Das sei ferne! … Gott hat sein Volk nicht verstoßen, welches er sich zuvor ersehen hat.“ Dazu Hildegard in der fünften Schau ihres ersten Scivias-Buches:

Gott wird die Synagoge, die mit ihm in seiner künftigen Fleischwerdung verbunden war, die Taufgnade jedoch von sich wies und sich dem Teufel anheimgab, am Ende der Zeiten wieder aufnehmen. Dann wird sie ablassen von den Irrwegen ihres Unglaubens und zurückkehren zum Licht der Wahrheit …
(Scivias, S. 98–99)

So gesehen hatte Israel mit der Synagoge nach neutestamentlicher Deutung in der Heilsgeschichte eine Aufgabe zu erfüllen, nämlich die einer Vorläuferin. Dem Gesetz sei es daher bestimmt gewesen, in dienender Weise den Weg für den Messias zu bereiten (Jes 40) und dem Evangelium vorauszugehen.

Es war nicht angemessen, dass die Wahrheit des Evangeliums den Schatten des Gesetzes ansagte, denn das, was des Fleisches ist, muss zuerst kommen, und dann folgt das, was des Geistes ist, nach. Der Knecht kündigt das Kommen seines Herrn an, und der Herr eilt seinem Knecht nicht wie ein Sklave voraus. – Ebenso war auch die Synagoge die Vorläuferin im Schatten der symbolischen Bedeutung, und die Kirche folgte im Licht der Wahrheit. (Scivias, S. 99)

Dazu auch zu diesem Thema die abschließende Ermahnung. Sie entspricht der Anregung, das in Bildform Dargelegte in der Meditation innerlich zu bewegen. Das meinen die hier benutzten Vokabeln des Kostens, des Umfangens und des bei sich Tragens:

Wer die Erkenntnis im Heiligen Geist und die Flügel des Glaubens erlangt, der möge meine Ermahnung nicht achtlos beiseite lassen, er verkoste sie vielmehr, er umfasse sie und bewahre sie in seiner Seele auf! (Scivias, S. 99)

Erlösung und Vollendung

Analog zur göttlichen Trinität und zum apostolischen, an Vater, Sohn und Heiligen Geist gerichteten Glaubensbekenntnis ist das zweite des aus drei Büchern bestehenden Werks der Erlösung, das dritte der Vollendung in der Kraft des Heiligen Geistes gewidmet. Auch darin wiederholt sich die Seherin, dass sie als sterblicher Mensch, noch dazu als Frau, sich für viel zu gering hält, um die ihr anvertraute Botschaft zu empfangen und den ihr zugewandten Menschen, die sich der Schau öffnen, weiterzusagen. Sie drückt das in der ersten Vision des zweiten Buches so aus:

Ich, ein Mensch, nicht nach der glühenden Wesensart der starken Löwen und auch nicht durch sie belehrt, sondern einer, der in der zarten Feinheit einer hinfälligen Rippe[55] verblich, sah, vom geheimnisvollen Odem durchdrungen, ein helles, leuchtendes Feuer, das unfassbar, unauslöschlich, lebendig und ganz und gar Leben war. Dieses Feuer barg in seinem Inneren eine eisenfarbene Flamme[56], die mild lodernd glühte. Diese Flamme war mit dem Feuer so unzertrennlich verbunden wie die inneren Organe mit dem Menschen …

Dies ist das unendliche Wort, das vor aller Zeit, noch ehe die Schöpfung ins Sein trat, im Vater ist, das jedoch in der Glut seiner Liebe, während die Zeiten dahineilten, auf wunderbare Weise, makellos und ohne der Sünden Last durch die aufblühende Kraft der Gnade des Heiligen Geistes in der Morgenröte der seligen Jungfräulichkeit Mensch werden sollte. Aber so, wie es, bevor es fleischliche Gestalt annahm, unteilbar im Vater war, so verblieb es auch nach der Menschwerdung untrennbar in ihm. Denn so wie der Mensch ohne die inneren Organe nicht sein kann, so konnte sich auch das lebendige Wort[57] nicht vom Vater trennen.

Und warum nennt man es „Wort"? So wie durch das an den Raum gebundene Wort, das im Menschen, der aus

55 Anspielung auf die Herausbildung Evas aus der Seite Adams, zugleich Selbstbezeichnung Hildegards hinsichtlich ihrer immer wieder besonders herausgestellten, untergeordneten Position und Geringfügigkeit ihres Standes.

56 Es handelt sich um die Miniatur der göttlichen Dreieinigkeit.

57 Das Johannesevangelium schätzte Hildegard hoch ein. Hier bezieht sie sich auf Joh 1: „Im Anfang war das Wort, und das Wort war bei Gott, und Gott war das Wort …" – Und was den ununterbrochenen Bezug zwischen Gott-Vater und Sohn anlangt, auf den sie hier eingeht, so hat Hildegard offensichtlich das johanneische Jesus-Wort im Sinn: „Ich und der Vater sind eins." (Joh 10,30)

Staub hervorgegangen ist, vergänglich ist, die Anordnung des Gesetzgebers in Klugheit erkannt wird und dem, der weiß und versteht, die Hintergründe seines Befehls klar vor Augen treten, so wird durch das nicht an den Raum gebundene Wort, das in Ewigkeit unvergänglich ist in dem unauslöschlichen Leben, von dem es lebt, die Kraft des Vaters in Wahrheit erkannt. Denn die vielerlei Kreaturen der Welt allesamt erahnen und erkennen in ihm den Ursprung, in dem sie erschaffen worden sind. Und so wie im Wort eines, der ein Amt innehat, die Vollmacht und Würde dieses Menschen zum Ausdruck kommen, so strahlt in dem Wort, das alles in sich umfasst, die Heiligkeit und Güte des Vaters auf.

Die Tatsache nun, dass die Flamme, wie du siehst, wie ein Blitz aufleuchtet, ist ein Hinweis darauf, dass das Wort gleichsam wie im Aufleuchten des Blitzes seine innere Kraft offenbarte, als in ihm die ganze Schöpfung zum Leben erweckt wurde. Weißglühend zeigte sich die Flamme, als das Wort in der Morgenröte und im glänzenden Weiß der Jungfräulichkeit fleischliche Gestalt annahm. Da strömten aus ihm alle Tugendkräfte in der Erkenntnis Gottes hervor, und der Mensch schöpfte daraus neues Leben in der Rettung der Seelen …

Und nun siehst du, wie der Mensch des Lichtes, der Sohn der Morgenröte, von einer so großen Herrlichkeit umstrahlt wird, dass dies in Menschensprache nicht zu beschreiben ist. Den edlen Leib des Sohnes Gottes, der aus der allerliebsten Jungfrau geboren ward und drei Tage – als Sinnbild der drei göttlichen Personen in der einen Gottheit – im Grab lag, ergriff die Herrlichkeit des Vaters, und auf diese Weise empfing er wieder seinen Geist und er erstand von den Toten in der strahlendsten Unsterblichkeit, wie sie ein Mensch sich niemals auszudenken oder zu beschreiben vermag.

Ihn stellte der Vater mit entblößten Wunden den Chören des Himmels[58] vor: „Dies ist mein geliebter Sohn (Mt 3,17), den ich gesandt habe, damit er sterbe für das Volk.“[59] Das weckte in ihnen eine überaus große Freude, die jedes menschliche Verstandesvermögen übersteigt. Denn besiegt ist nun die böse Vergangenheit, in der man Gott nicht mehr erkannte. Die Vernunft des Menschen, die durch Einflüsterung des Satans ohnmächtig war, ist emporgehoben zur Erkenntnis Gottes. Durch die Gabe höchster Seligkeit ist dem Menschen der Weg zur Wahrheit erschlossen, und er wurde vom Tod wieder zum Leben zurückgebracht. (Scivias, S. 110–122)

Auch hinsichtlich der Auferstehung sieht Hildegard die nachösterliche vierzigtägige Anwesenheit Christi unter seiner Jüngerschaft in der vierzigjährigen Wüstenwanderung des Volkes Israels vorgebildet, ehe die Himmelfahrt Christi erfolgt. Die Frauen, die zum Grab Jesu gepilgert sind, stehen für das alte Gottesvolk Israel. Wohl unterscheidet Hildegard, wie aus der früheren Schau ersichtlich, zwischen den beiden Frauengestalten, der gering ge-

58 Gemeint sind die Hierarchien der Engel, auf die der für die mittelalterliche Mystik einflussreiche Dionysios Areopagita (um 500) sein besonderes Augenmerk legte. Vgl. Dionysios Areopagita: Die Hierarchien der Engel und der Kirche. München-Planegg 1955. – Beate Regina Suchla: Dionysius Areopagita. Leben, Werk, Wirkung. Freiburg 2008.

59 Hildegard verändert das Textzitat, indem sie „…Sohn, an dem ich Wohlgefallen habe“ durch die Worte „damit er sterbe für das Volk“ ersetzt.

achteten Synagoge und der stolzen, siegreichen Ekklesia. Doch unverzichtbar ist für sie die analogische Zusammengehörigkeit des Alten und des Neuen Testaments. Die Erfüllung des Heils setzt deren Prophetie voraus. Dazu gehören immer wieder die Zahlenangaben, die die Entsprechung zwischen dem Einst und Jetzt einsichtig machen sollen.

Denn so wie die Söhne Israels nach ihrer Befreiung aus Ägypten erst nach vierzig Jahren Wanderung durch die Wüste in das Land kamen, wo Milch und Honig fließen, so erschien Gottes Sohn nach seiner Auferstehung in Liebe seinen Jüngern und den heiligen Frauen, die sich in brennender Sehnsucht danach verzehrten, ihn zu schauen, noch vierzig Tage lang. Damit wollte er sie in ihrem Glauben bestärken, damit sie nicht in Zweifel verfielen und vielleicht sagten: „Wir haben den Herrn nicht gesehen, und darum können wir nicht glauben, dass er unser Heil sei." Doch er zeigte sich ihnen immer wieder, um sie vor dem Fall zu bewahren.

Doch dann stieg er empor in die höchste Höhe einer unfassbaren Herrlichkeit, wo er in der Fülle aller Fruchtbarkeit voller Wohlgeruch strahlend leuchtet. Der Sohn Gottes stieg zum Vater empor, der mit eben diesem Sohn und dem Heiligen Geist auf der alles übertreffenden und überstrahlenden Höhe in unermesslicher Freude und unbeschreiblichem Jubel thront. Daselbst erscheint er nun seinen Getreuen, die reinen Herzens und aus schlichtem Gemüt glauben, dass er wahrer Gott und wahrer Mensch ist, voll Glorie in der überströmenden Fülle strahlender Heiligkeit und Seligkeit. Denn nun bildet sich in ihnen anfanghaft die neue Braut des Lammes[60] im vielfältigen Schmuck all der Tugendkräfte, mit denen der tapfere Kampf des ganzen gläubigen Volkes gegen die listige Schlange [den altbösen Feind] sie – durch die Zeiten hindurch – in Zierde ausstatten wird.

Wer aufmerksam hinsieht und hinhört, der biete diesen geheimnisvollen Worten, die aus mir, dem Lebendigen, hervorgehen, den Kuss der Umarmung dar!
(Scivias, S. 122–123)

In der nachfolgenden zweiten Schau des zweiten Buches findet sich das Heilswerk der dreieinigen Gottheit zusammengefasst, und zwar unter besonderer Hervorhebung der göttlichen Einheit. Sie schließt einen Drei-Götter-Glauben aus.

Der Heilige Geist, der die Herzen entflammt, ist nicht ohne den Vater und den Sohn. Und die Fülle aller Fruchtbarkeit ist nicht ohne den Vater und den Sohn. Untrennbar sind sie in der Majestät der Gottheit vereint, denn der Vater ist nicht ohne den Sohn, und der Sohn nicht ohne den Vater, und Vater und Sohn sind nicht ohne den Heiligen Geist, und der Heilige Geist ist nicht ohne den Vater und Sohn.

Und diese drei Personen sind ein einziger Gott in der einen und ungeteilten hochherrlichen Gottheit. Unteilbar lebt die eine Gottheit in diesen drei Personen. Denn

60 Vgl. Offb 21,9: „Und es kam zu mir einer von den sieben Engeln … und redete mit mir und sprach: Komm, ich will dir die Frau zeigen, die Braut des Lammes…“

die Gottheit kann nicht aufgespalten werden. Stets bleibt sie unverletzlich, ohne jegliche Veränderlichkeit.

Doch der Vater wird offenbar durch den Sohn, der Sohn durch den Ursprung der Kreaturen und der Heilige Geist durch die Menschwerdung des Sohnes. Wie das? – Der Vater ist es, der den Sohn zeugte vor aller Zeit. Der Sohn ist es, durch den alles vom Vater geschaffen wurde am Anfang der Zeit. Der Heilige Geist ist es, der in Gestalt einer Taube erschien bei der Taufe des Sohnes Gottes, als die Zeiten sich vollendeten.

Darum vergesse der Mensch niemals mich, den einen Gott, in diesen drei Personen anzurufen. Denn zu dem Zweck habe ich sie [die Gottheit] dem Menschen geoffenbart, damit er um so stärker in Liebe zu mir entbrenne, da ich aus Liebe zu ihm meinen eigenen Sohn in die Welt sandte, nach dem Zeugnis meines geliebten Jüngers Johannes, der spricht:

„Dadurch hat sich die Liebe Gottes an uns erwiesen, dass Gott seinen eingeborenen Sohn in die Welt gesandt hat, damit wir durch ihn leben. Darin besteht die Liebe, nicht als hätten wir Gott geliebt, sondern er hat uns zuerst geliebt und seinen Sohn gesandt als Sühneopfer für unsere Sünden." (1 Joh 4,9 f) (Scivias, S. 123–126)

Die Scivias-Schau geht ihrer Vollendung entgegen. In ihrer zwölften Schau des dritten und letzten Buches werden die Betrachter mit Ereignissen konfrontiert, die hier wiederum an die Visionen der neutestamentlichen Johannes-Offenbarung erinnern, zumindest was die auch in ihr sich manifestierende Dynamik anlangt, von der Hildegard aus den göttlichen Sphären zu berichten hat. Die Schöp-

fung, die für die Seherin bis in die Heilkräfte der Natur hinein eine so große Bedeutung erlangt hat, geht zu Ende; diese Welt zerbricht. Damit wird die Christenheit, letztlich die Menschheit insgesamt, mit einer entscheidenden Prüfung konfrontiert. Schon das Alte Testament spricht von dem schrecklichen Tag Jahwes, dem Tag des Weltgerichts, dem alle unterworfen sind. Das sind ja auch die Bilder, die in Gestalt von Reliefs über den Eingängen zu den Kirchen des hohen Mittelalters zu sehen sind. Die Menschen, so auch die Rupertsbergerin, hatten diese Stein gewordene Apokalypse vor Augen, wann immer sie zur Beichte und zur Eucharistie gingen.

Bei Hildegard handelt es sich um eine universelle „Reinigung". Was aus der Hand des Schöpfers einst hervorging, das gilt es gereinigt und analog zu den anvertrauten Pfunden im Evangelium vervollkommnet an den Schöpfer zurückzugeben. Das Gewordene vergeht zwar; aber die Zeit mündet ein in den neuen Himmel und die neue Erde, das heißt in die Ewigkeit. Der Tag der großen Offenbarung ist angebrochen. Wieder sind es Lichtblitze, ein kosmisch-überkosmisches Wetterleuchten, die die apokalyptische Weltenlandschaft überglänzen. Der Menschensohn erscheint, laut Hildegard erstaunlicherweise in der Gestalt, wie er zuvor auf Erden ausgesehen habe, um die Identität des Einen erkennbar zu machen. Ein einziger großer Auferweckungsprozess erfasst die Verstorbenen aller Zeiten und ruft sie aus den Gräbern, und zwar im Zustande der unversehrten Leiblichkeit – ein Zeichen dafür, dass auch die materiellen Substanzen heil geworden sind. Für Hildegard ist Erlösung eben nicht nur eine anthropologische, sondern eine kosmologisch-universelle Wirklichkeit.

Ich fuhr fort in der Schau. Und siehe da, alle Elemente und alle Kreatur wurden von einer durchdringenden, erschütternden Bewegung erfasst. Feuer, Luft und Wasser brachen hervor, sodass die Erde ins Wanken geriet. Blitze zuckten und Donner dröhnten, Berge und Wälder stürzten ein, und alles Sterbliche hauchte das Leben aus. Alle Elemente wurden geläutert, sodass alles, was an ihnen schmutzig war, verschwand und fortan nicht mehr sichtbar wurde. Und ich hörte eine Stimme, die mit lautem Ruf über den ganzen Erdkreis ertönte: „Ihr Menschensöhne alle, die ihr in der Erde liegt, steht auf!"

Siehe, wie in einem einzigen Augenblick versammelten sich alle Gebeine der Menschen, wo immer sie auch auf der Erde gewesen waren, und sie zogen ihr Fleisch an. Und alle Menschen standen auf mit unversehrten Gliedmaßen und unversehrtem Leib, gemäß ihrem jeweiligen Geschlecht: Die Guten erstrahlten in Herrlichkeit, die Bösen erschienen schwarz. Dadurch wurde jedes Werk an ihnen offenbar. Einige waren mit dem Siegel des Glaubens gezeichnet, andere wiederum nicht. Manche von denen, die das Siegel trugen, hatten ein goldenes Strahlen vor ihrem Gesicht, andere einen Schatten. Das war ihr Merkmal.

Und plötzlich zuckten leuchtende Blitze vom Osten her, und ich sah den Menschensohn auf einer Wolke schweben, und er hatte das gleiche Antlitz wie während seiner Erdentage, und seine Wunden lagen offen zutage. Die Chöre der Engel[61] begleiteten ihn. Der Thron, auf dem er saß, war eine Flamme, die in blendendem Glanz

61 Wie Anmerkung 58.

erstrahlte, aber nicht brannte, und unter ihm tobte der heftige Sturm der Weltenreinigung. Da wurden die mit dem Siegel wie durch einen Wirbelwind zu ihm in die Luft entrückt, dorthin, wo ich früher den Glanz geschaut hatte, der das Geheimnis des erhabenen Schöpfers versinnbildlichte …

Unter „schrecklichem Wüten der Elemente, der Blitze, Donner und Stürme“ vollzieht sich das Weltgericht. Vom Glanz der Ewigkeit umkleidet ziehen die Auserwählten dem Gottes- und Menschensohn entgegen, hinein in die „Herrlichkeit der Himmelsfreuden“. Nun ist Hildegard bekanntermaßen eine musische Frau, eine Dichterin. So obliegt ihr, in die himmlische Liturgie einzustimmen. Freilich fehlt auch das den Verdammten zugedachte Wehe- und Schmerzgeschrei nicht:

Und sogleich erschallen aus der Fülle aller Freuden so jubilierende Lobgesänge in der himmlischen Herrlichkeit, und es ertönt aus der Fülle alles Leids so schmerzliches Geheul in der Hölle, dass es das Fassungsvermögen menschlichen Erkennens übersteigt, denn jene besitzen das ewige Leben, diese aber den ewigen Tod.

Wie bei Hildegard nicht anders zu erwarten, kann sie sich nicht mit der Heimholung der zum ewigen Leben Gerufenen begnügen. Nochmals wird deutlich: Die ganze Schöpfung mit ihren Elementen und Kräften, mit Feuer, Luft, Wasser und Erde, ist in den universalen Prozess des Heilwerdens einbezogen. Oder auf Hildegards Gesamtwerk bezogen, mit Elisabeth Gössmann:

„Hildegards Werk ‚Scivias' gibt ihre Auffassung von der gegenseitigen Integration von Kosmos und Heilsgeschichte wieder. Die in den Visionen enthaltene Anthropologie lässt bereits jene Lehre erkennen, die man mit der Sprache ihrer eigenen Zeit als Entsprechung von Makro- und Mikrokosmos bezeichnet, jedoch deutlich nuanciert durch ihre heilsgeschichtliche Betrachtungsweise; Naturhaft-Organisches und Geistiges im Menschen stehen in Harmonie mit den kosmischen Kräften. Aber diese Harmonie wurde durch den menschlichen Sündenfall gestört und muss durch die auf die Natur überströmende Kraft des Erlösungswerkes wiederhergestellt werden, was im Eschaton voll erreicht wird.“[62]

Denn wenn all dies geschehen ist, dann strahlen, wie du siehst, die Elemente in größter Helligkeit und Schönheit, denn jedwede Hülle der Schwärze und des Schmutzes ist von ihnen entfernt. Das Feuer glänzt golden ohne [verzehrendes] Brennen wie das Morgenrot. Die Luft ist rein und leuchtet ohne [nebelhafte] Verdichtung. Das Wasser steht klar und still, ohne überströmend und verheerend anzuschwellen. Die Erde erscheint stark und ebenmäßig, ohne Hinfälligkeit und Missbildungen. Alles ist in einen Zustand der Ruhe und Schönheit versetzt. Aber auch die Sonne, der Mond und die Sterne leuchten am Himmel in heller Klarheit und in lichtestem Glanz wie kostbare Edelsteine auf Goldgrund. Zum Stillstand gekommen ist die Unruhe ihres Kreisens, das den Tag von der Nacht

62 Elisabeth Gössmann in: Gestalten der Kirchengeschichte. Mittelalter I. Hg. Martin Greschat. Stuttgart 1983, S. 227.

schied, unveränderbar sind sie geworden, seit die Welt nicht mehr ist.

Auf ihren lieben Johannes, den Apokalyptiker, verweisend, beendet Hildegard dieses zwölfte Kapitel ihrer Schau:

Die Dunkelheiten der Nacht steigen nicht mehr empor. Es herrrscht unvergänglicher Tag, nach dem Zeugnis meines Geliebten Johannes, der spricht: „Und Nacht wird nicht mehr sein, und man wird weder das Licht einer Lampe noch das Licht der Sonne brauchen; denn Gott der Herr wird sie erleuchten." (Offb 22, 5)

Das heißt: Wer einen Schatz hat, versteckt ihn und holt ihn wieder hervor, wie die Nacht das Licht verbirgt und der Tag durch das Vertreiben der Dunkelheit dem Menschen das Licht wieder bringt. So wird es nicht sein bei der Verwandlung der Zeiten; denn dann wird das Dunkel der Nacht so vertrieben, dass keine Finsternis mehr entsteht. Das neue Dasein braucht das von Menschen entfachte Licht nicht, auch ist es nicht vom sich ändernden Lauf der Sonne umgeben, der jetzt die Zeiten des Dunkels folgen. Es wird unwandelbar Tag sein, denn der Herrscher über alle Dinge wird mit der Klarheit seiner Gottheit, die nie durch eine Änderung verdunkelt wird, alle erleuchten, die in der Welt seiner Gnade der Finsternis entronnen sind.

Mit der folgenden, an die Seherin gerichteten Empfehlung schließt diese zwölfte Schau des dritten Buches ab:

Wer ein scharfes Gehör hat, um mit innerem Sinn zu vernehmen, der verzehre sich in brennender Liebe zu meinem Licht nach diesen meinen Worten und schreibe sie ins Wissen seiner Seele ein!

Zwar hat das dritte Buch von Scivias mit dem zwölften Kapitel seinen Abschluss gefunden. Dem fügt Hildegard jedoch noch eine dreizehnte Vision an, indem sie in ihrer Eigenschaft als Dichterin und Sängerin das Hohelied der Gnade anstimmt.

Sodann sah ich eine völlig vom Glanz des Lichtes durchdrungene Luft. Aus ihr ertönten auf wundersame Weise vielerlei Klänge, die den Bildern entsprachen, die ich bisher geschaut hatte. Es waren Lobeshymnen auf die, die in den Freuden des Himmels ihre Wohnstatt haben, so wie sie in Sanftheit beharrlich auf dem Weg der Wahrheit wandelten. Dann vernahm ich Klagelieder über die, die noch in Sünden, aber zu den gleichen Lobeshymnen und Freudenliedern aufgerufen sind. Und schließlich hörte ich Wechselchöre der Gotteskräfte [*virtutes*], die einander aufforderten, den Völkern zu helfen, die aufgrund der Nachstellungen des Teufels in Bedrängnis geraten; denn sie sind es, die die List des Teufels zunichte machen, sodass die Menschen durch Buße von ihren Sünden zur himmlischen Wohnstatt gelangen.
Und der Schall, der wie die Stimme einer großen Schar in Harmonie das Lob der Bewohner des Himmels verkündete, ertönte folgendermaßen:

Du überaus glänzender Edelstein,
und heitere Zierde der Sonne,
dich durchströmt
die Quelle, die aus dem Herzen des Vaters hervorquillt;
sie ist sein eingeborenes Wort,
durch das er den Urstoff der Welt schuf,
den Eva in Aufruhr versetzt hat.
Dieses Wort hat dir, Vater, den Menschen bereitet,
und deshalb bist du, Maria, jener leuchtende Mutterschoß,
aus dem dieses Wort selbst alle Kräfte entfaltete,
um alle Geschöpfe aus dem Urstoff hervorgehen zu lassen.

Du liebliches Reis,
du Spross vom Stamm Isais[63],
welch große Kraft ist das:
Die Gottheit schaute auf die allerschönste Tochter,
so wie der Adler seinen Blick auf die Sonne richtet.
Der höchste Vater sah die helle Reinheit der Jungfrau,
in der nach seinem Willen sein Wort Fleisch annehmen sollte.
Denn in der unergründlichen Tiefe des Geheimnisses Gottes,
da der Jungfrau Herz erleuchtet war,
ging in wundersamer Weise die leuchtend-helle Blüte aus dieser Jungfrau hervor.

63 Jesse oder Isai meint den Vater Davids. Er verkörpert damit den Stammvater des Davidssohns Jesus, vgl. Mt 1,6.

Nochmals erklingt der Hymnus auf die Sancta Viriditas, die heilige Grünheit. Die Seherin richtet ihren Blick auf jene erwählten Jungfrauen, in denen der göttliche König sich selbst erschaut – Braut und Bräutigam sind in heiliger Hochzeit vereint. Ihnen allen ist der himmlische König „im Voraus versiegelt mit jeglicher Schönheit des Himmels":

Deshalb seid ihr der lieblichste Garten
und duftet in jeder erdenklichen Schönheit
Du edelstes Grün, das seine Wurzeln in der Sonne hat,
und das in heiterem hellen Glanz leuchtet,
im Kreis[64],
von keinem noch so ausgezeichneten irdischen Sinn zu begreifen.
Du bist umfangen
von der großen Umarmung der göttlichen Geheimnisse.
Wie die Morgenröte strahlst du
und glühst wie der Sonne Feuer.

(Scivias, S. 604–620; Hymnen aus: Lieder, S. 35; 45; 107; 109)

64 Für Hildegard stellt das kreisende Rad die Wirksamkeit des Heiligen Geistes dar.

III. Die Briefe

Hildegard an Wibert von Gembloux

Naturgemäß sind es sehr unterschiedliche Anlässe, durch die die einzelnen Briefwechsel zwischen Hildegard von Bingen und den jeweiligen Adressaten, Männern wie Frauen, zustande kommen. Einerseits handelt es sich um solche Zeitgenossen, mit denen die Rupertsberger Benediktinerin von sich aus ein bestimmtes Anliegen zu besprechen hat. Andererseits geht die Initiative von bekannten und vielen unbekannten Personen aus. Oft sind es solche, die im Wissen um Hildegards Sehergabe und wegen der ihr unterstellten besonderen Gottesbeziehung allerlei Bitten und Wünsche an sie herantragen. Es ist dann aufschlussreich zu sehen, inwieweit die Befragte darauf näher eingeht, sich andernfalls weise zurückhält oder eher eine mahnende, zurechtweisende Antwort formuliert. Nicht selten handelt es sich um ausführliche epistelartige Darlegungen ihres Glaubens und Bibelverständnisses. Von daher differieren die Aussagegehalte von Brief zu Brief.

Eingeleitet sei die nachfolgende Auswahl mit einer solchen ausführlichen Epistel. Sie ist an den für Hildegard, ihre Erkenntnisweise und ihr Schaffen wichtigen Mitar-

beiter Wibert von Gembloux[65] *gerichtet, abgefasst etwa um 1174/75. Es ist somit die bereits in ihren Siebzigern stehende Ordensfrau, die die Feder führt oder nach ihrem Diktat schreiben lässt. So erfährt man, wie teilweise bereits angedeutet, Authentisches über ihre Persönlichkeitsstruktur, insbesondere über die Beschaffenheit ihrer Sehergabe. Diese Auskunft war für Wibert ebenso wichtig wie für die Nachwelt.*

Dass die längst in weiten Kreisen der westlichen Christenheit berühmt Gewordene nicht eigene Erkenntnisse von sich zu geben hat, sondern in der Hauptsache aus dem spirituellen Fundus schöpft, der ihr Mal um Mal zufließt, hebt Hildegard auch diesem Mönch gegenüber hervor. Für unerlässlich zu betonen hält sie, dass sie auch angesichts ihrer speziellen spirituellen Begabung nach wie vor ein sterblicher Mensch, „eine schwache Frau" sei und bleibe. Sie kennt die Gefahr, in der sich Menschen befinden, die derartiger Charismen teilhaft geworden sind; es ist die Gefahr der Selbstüberschätzung und der Neigung, sich anderen gegenüber für besser zu halten. Insofern sei es von großem Nachteil, sich in Selbstsicherheit zu wiegen. Daher habe sie auch keinen Anlass, sich etwa über

65 Wibert (Guibert) von Gembloux war ein Wallone, um 1124/25 in Gembloux bei Namur geboren. Er trat in das Benediktinerkloster seiner Vaterstadt ein und genoss hier eine gute humanistische Bildung, die ihm namentlich in der Zusammenarbeit mit Hildegard zugute kam. Im Sommer 1175 hatte er Hildegard einen Brief geschrieben und gefragt, ob sie ihre Visionen deutsch oder lateinisch diktiere und wie sich von Jugend an ihr Bildungsweg gestaltet habe. Der Briefwechsel zwischen beiden bestand fort. Es kam zu wiederholten Begegnungen auf dem Rupertsberg. Wibert blieb auch noch kurze Zeit nach Hildegards Tod (1179) dort. Er selbst starb als Abt in seinem Kloster 1213. (Vgl. Wilhelm Oehl, in: Mystikerbriefe des Mittelalters. München 1931, S. 749 f.)

die göttlichen Gnadenerweise zu erheben, für die sie von ihrer Mitwelt bewundert, gelegentlich wohl auch beneidet wird. Sie beginnt, indem sie klarstellt, wer der eigentliche „Briefschreiber" ist:

Die folgenden Worte sage ich nicht aus mir selbst, noch auch aus eines anderen Menschen Geist. Sondern ich bringe sie vor, wie ich sie in der Vision von oben empfangen habe. O Knecht Gottes, o Kind Gottes, höre, was das unversiegbare Licht spricht:

O getreuer Knecht! Ich armseliges Frauengebilde sage dir wiederum in der wahren Vision diese Worte. Wenn es Gott gefiele, in dieser Vision meinen Leib und meine Seele zu erheben, so wiche doch die Furcht nicht aus meinem Sinn und Herzen, weil ich weiß, dass ich nur ein Mensch bin, obwohl ich seit meiner Kindheit in Klostermauern eingeschlossen bin.

Viele weise Menschen sind schon durch erhaltene Wundergaben zu Fall gekommen. Sie taten sehr viele Geheimnisse kund, schrieben das aber in eitler Ruhmsucht sich selbst zu und stürzten deshalb. Diejenigen jedoch, die im Aufstieg ihrer Seele Weisheit aus Gott schöpften und sich selbst für nichts achteten, die sind Säulen des Himmels geworden. So war es mit Paulus. Obwohl er als Prediger die übrigen Jünger übertraf, hielt er doch sich selbst gleichsam für nichts. Auch der Evangelist Johannes war voll sanfter Demut und schöpfte darum vieles aus der Gottheit.

Und wie käme es, dass ich Armselige nicht mich selbst erkennen sollte? Gott wirkt, wo er will, zur Glorie seines Namens, nicht aber eines irdischen Menschen. Ich habe immer zitternde Furcht, weil ich keinerlei Sicherheit irgendeines Vermögens in mir weiß. Ich strecke meine Hände zu Gott aus, damit er mich halte, so wie eine Feder, frei von aller Schwere, vom Winde getragen fliegt. Was ich schaue, kann ich nicht völlig erkennen, solange ich mit dem Körper behaftet bin und meine Seele noch unsichtbar ist; denn in diesen zwei Stücken ist die Unvollkommenheit des Menschen begründet.

Seit meiner Kindheit, da meine Knochen, Nerven und Adern noch nicht gekräftigt waren, schaue ich diese Vision in meiner Seele bis auf den heutigen Tag, da ich mehr als siebzig Jahre alt bin. In dieser Vision steigt meine Seele, so wie Gott es will, hinauf in die Höhe des Firmaments und in verschiedene Luftschichten. Sie breitet sich zwischen den verschiedenen Völkern aus, obwohl sie ferne von mir sind in entlegenen Gegenden und Orten.

Und weil ich das auf solche Weise in meiner Seele sehe, so erblicke ich es auch gemäß dem Wechsel der Wolken und anderer Geschöpfe. Ich höre dies jedoch nicht mit den äußeren Ohren und nehme es nicht in den Gedanken meines Herzens oder irgendwie durch Mitwirkung meiner fünf Sinne wahr; vielmehr schaue ich es nur in meiner Seele, mit offenen Augen, ohne jemals dabei eine Ekstase erlitten zu haben, sondern wachend, bei Tage und bei Nacht. Fortwährend bedrängen mich Krankheiten, und vielfach bin ich so von schweren Schmerzen umklammert, dass sie mir den Tod zu bringen drohen. Aber Gott hat mich bis jetzt aufrecht gehalten.

Hildegard fährt fort, indem sie zeigt, dass hinsichtlich eines spirituellen Schauens die üblichen Raum- und Maßvorstellungen beiseite zu lassen sind. Dabei lässt sie ein-

fließen, wie gering ihre schulischen Kenntnisse seien. Der Briefempfänger verfügt dagegen über die einem Theologen gemäße Bildung. Das ist auch die Absicht der Klosterfrau, bei der Ausformung ihrer Schriften sich Wiberts Wissen und Einsicht zu vergewissern.

Was ich in dieser Vision erschaue oder erlerne, das behalte ich lange Zeit im Gedächtnis, sodass ich, wenn ich jenes Licht sehe und höre, mich erinnere und zugleich sehe, höre und weiß, gleichsam in *einem* Augenblicke lernend, was ich weiß. Was ich aber nicht schaue, das weiß ich nicht. Denn ich bin ungelehrt. Man hat mich nur unterwiesen, in Einfalt die Buchstaben zu lesen.

Was ich in der Vision schreibe, das sehe und höre ich. Ich setze keine anderen Worte als die, welche ich höre, und ich bringe sie in unausgefeilten lateinischen Worten vor, so wie ich sie in der Vision höre. In dieser Vision werde ich nicht gelehrt, wie die Philosophen zu schreiben; und die Worte in der Vision sind nicht wie Worte, die vom Munde des Menschen ertönen, sondern wie eine blitzende Flamme und wie eine Wolke, die sich in reiner Luft bewegt.

Dieses Lichtes Gestalt vermag ich in keiner Weise zu erkennen, wie ich ja auch die Sonnenscheibe nicht voll anschauen kann. In diesem Lichte sehe ich zuweilen, nicht häufig, ein anderes Licht, das mir als „das lebendige Licht" bezeichnet wird. Wenn und wie ich dieses sehe, vermag ich nicht auszusprechen. Solange ich es sehe, wird jede Traurigkeit und jede Angst von mir genommen, sodass ich dann wie ein einfältiges Mägdlein und nicht wie eine alte [erfahrene] Frau bin.

Wegen der steten Krankheit, an der ich leide, habe ich manchmal Überdruss, die Worte und Gesichte vorzubringen, die mir da gezeigt werden. Wenn aber meine Seele jenes Licht sieht und kostet, dann werde ich, wie ich oben sagte, so verwandelt, dass ich darüber allen Schmerz und Kummer vergesse. Und was ich dann in der Vision schaue und höre, das schöpft meine Seele wie aus einem Quell, der aber doch voll und unerschöpflich bleibt.

Zu keiner Stunde entbehrt meine Seele das vorgenannte Licht, das „der Schatten des lebendigen Lichtes" heißt. Ich sehe es, als schaute ich in einer leuchtenden Wolke das Firmament ohne Sterne. Ich sehe darin das, was ich oft spreche und was ich den fragenden Personen aus dem Glanze des erwähnten „lebendigen Lichtes" antworte.

Ich strebe zum lebendigen Gott und überlasse ihm dies alles, damit er, der weder Ende noch Anfang hat, mich in all dem vor Übel bewahre. Darum bete auch du, der du nach diesen Dingen fragst, mitsamt allen denen, die sie in Treue zu hören wünschen, für mich, dass ich im Dienste Gottes ausharre.

O Kind Gottes, das ihn in Treue sucht und von ihm Rettung erbittet, merke auf den Adler, der mit seinen beiden Flügeln zur Wolke auffliegt.[66] Wird er nur an einem Flügel verletzt, so muss er auf der Erde sitzenbleiben und kann sich nicht erheben, so gerne er auch auffliegen möchte. So fliegt auch der Mensch mit den beiden Flügeln der Vernunft, nämlich der Erkenntnis des Guten und des Bösen. Der rechte Flügel ist die gute Erkenntnis,

---

66 Offb 12,14.

der linke die böse Erkenntnis. Das Wissen vom Bösen muss dem Wissen vom Guten dienen, es schärfen und lenken und es in allem weise machen.

O teures Kind Gottes, möge Gott die Flügel deines Wissens zu rechten Wegen erheben! Wenn du die Sünde aus Gelüsten verkostest – Du bist ja so geboren, dass du ohne Sünde nicht sein kannst –, so vollbringe sie nicht ganz. Iss sie nicht ganz in dich hinein, dann wirst du gut fliegen. Die Himmelsharmonie singt von einem Menschen, der so handelt, Gott sei Lobpreis, weil der staubgeborene Mensch Gott so sehr liebt, dass er Gott zu Liebe sich gänzlich verachtet.

O wackerer Streiter, bewähre dich so in diesem Kampfe, dass du in der Himmelsharmonie verweilen darfst und Gott zu dir spreche: „Du bist einer aus den Söhnen Israels, weil du in sehnsüchtigem Himmelsstreben zum hochragenden Berge emporblickst!“ Aber auch alle die Personen, die du in deinem Briefe an mich genannt hast, möge der Heilige Geist so lenken, dass sie in das Buch des Lebens eingeschrieben werden! (Oehl, S. 108–111)

Hildegard an Bernhard von Clairvaux

Um die Jahreswende von 1147 auf 1148, als sich Bernhard von Clairvaux zusammen mit Papst Eugen III. in Trier aufhält, empfängt der berühmte Zisterziensermönch und Mystiker einen Brief aus dem Kloster auf dem Disibodenberg, wo sich Hildegard vor ihrer Übersiedelung nach Bingen noch für kurze Zeit aufhält. Die Seherin, die infolge ihrer außerordentlichen Begabung von vielen Zeitgenossen um seelsorgerlichen Rat angeschrieben wird, hat nun selbst Anlass, einen spirituell Erfahreneren um Beistand zu bitten. Ihr Brief betrifft ihr visionäres Charisma, weil ihr eine gewisse, gelegentlich sich einstellende Unsicherheit Schwierigkeit bereitet. Es geht ihr darum, das innerlich Gesehene und Gehörte in der rechten Weise um der Weitergabe willen in Worte fassen zu können. Mit großer Demut beginnt sie, indem sie sich als die „mehr als erbärmlich anzusehende Frau" vorstellt.[67] *Ihre Ehrerbietung verbindet sie mit dem besonderen Respekt vor Bernhard, der sich als Kreuzzugsprediger im Bewusstsein vieler seiner Zeitgenossen ein besonderes Verdienst erworben habe:*

Im Geiste der Geheimnisse spreche ich zu dir, o verehrungswürdiger Vater, der du, ein Wunder in den großen Ehren der Kraft Gottes, ein gewaltiger Schrecken bist für die Torheit dieser Welt, wenn du unter der Fahne des heiligen Kreuzes mit erhabenem Eifer in der glühenden Liebe des Sohnes Gottes wirbst, um die Menschen zu gewinnen, damit sie in christlicher Ritterschaft Krieg führen wider der Tyrannen Grausamkeit.

Ich bin streng gebunden in der Vision, die mir erscheint im Geiste des Geheimnisses, die ich aber nicht mit den äußeren Augen des Fleisches erblicke. Ich erbärmliches, ja mehr als erbärmliches Weib schaute seit meiner Kindheit große Wunderdinge, die meine Zunge nur insoweit

67 Peter Dinzelbacher: Bernhard von Clairvaux. Darmstadt 2012, S. 312.

vorbringen kann, als mich Gottes Geist lehrt, wie ich sie sagen soll.

Zuverlässigster und mildester Vater, höre in deiner Güte mich, deine unwürdige Dienerin, die ich seit meiner Kindheit niemals in Sicherheit gelebt habe, und erkenne vermöge der Belehrung des Heiligen Geistes in der Frömmigkeit und Weisheit deiner Seele, dass es sich betreffs dessen, was man dir von mir gesagt hat, folgenderweise verhält.

Ähnlich wie im Brief an den Mönch Wibert von Gembloux erläutert Hildegard erneut, doch in geringfügiger Abwandlung, die Art ihres Schauens, bevor sie Bernhard um seinen geistlichen Beistand bittet.

Ich erkenne nämlich den inneren Sinn des Textes in der Auslegung des Psalters, des Evangeliums und anderer Bücher, die mir in meiner Vision gezeigt werden. Diese Vision berührt meine Brust und brennt meine Seele wie eine Flamme. Sie lehrt mich den Tiefsinn der Auslegung, belehrt mich aber nicht über die mir unbekannten Schriften in deutscher Sprache. Nur in Einfalt weiß ich zu lesen, nicht in Textzerlegung[68], denn ich bin ein ungelehrter Mensch in Bezug auf jede Unterweisung in äußerlichem Stoffe. Aber innerlich in meiner Seele bin ich belehrt. Darum spreche ich zu dir, da ich an dir nicht zweifle. Vielmehr will ich mich an deiner Weisheit und Frömmigkeit dafür trösten, dass so viele Spaltungen unter den Menschen sind, wie ich die Menschen sagen höre …

68 Nicht im Sinn einer theologischen Textanalyse.

Kennzeichnend für die in derartigen Briefen immer wieder geäußerten Wünsche ist das Verlangen, dass jeweils einer den anderen in sein Fürbittgebet einschließen möge. Dadurch entsteht so etwas wie eine spirituelle Vernetzung der Menschen gleichen Strebens.

Ich wünsche, o Vater, du mögest dich um der Liebe Gottes willen in deinen Gebeten meiner erinnern. Ich habe dich vor zwei Jahren in meiner Vision erblickt, als einen Menschen, der in die Sonne aufschaute und sich nicht fürchtete, sondern sehr kühn war. Und ich weinte, weil ich mich so schäme und ohne Kühnheit bin. Guter und mildester Vater, ich lege mich in deine Seele: Bitte für mich, dass ich sagen kann, was ich sehe und höre, denn ich habe schwere Not in meiner Vision. Zuweilen werde ich infolge der Vision, weil ich schweige, in schweren Krankheiten aufs Krankenlager geworfen, sodass ich mich nicht aufrichten kann.[69]

So klage ich also vor dir in Betrübnis, dass ich in meiner Natur beweglich und unbeständig bin …

Nun aber erhebe ich mich und eile zu dir … Du bist ein Sieger in deiner Seele, dass du nicht nur dich selbst, sondern auch andere Menschen zum Heile aufrichtest. Du bist der Adler, der in die Sonne schaut. Ich bitte dich bei der Erhabenheit des Vaters, bei seinem wunderbaren Worte und bei dem süßen Tau der Zerknirschung, nämlich dem Geiste der Wahrheit, und bei der Hoheit des Vaters, der das Wort mit süßer Keimkraft in den Schoß

69 Das deutet auf die seelische Belastung hin, die bestimmte, in der Schau empfangene Aufträge für die Seherin darstellen können.

der Jungfrau sandte, woraus jenes Lied erwuchs, wie sich der Honig ringsum aufbaut um die Wachsscheibe.

Ich bitte dich, du mögest nicht müßig und unbeweglich bleiben bei meinen Worten. Lege sie in dein Herz, lass davon nicht ab und schaue für mich zu Gott empor, wenn du in deiner Seele zu ihm hinübergehst, weil er dich haben will.[70] – Leb wohl, leb wohl in deiner Seele und sei stark im Kampfe in Gott! Amen. (Oehl, S. 81–83)

Bernhard von Clairvaux an Hildegard

In der Hildegard-Forschung war man geteilter Meinung darüber, ob das kurze Schreiben des Zisterzienser-Mönchs möglicherweise schon vor Hildegards Ersuchen erfolgt sei. Von Belang ist immerhin, dass Bernhard gegenüber dem Papst, seinem Zisterzienser-Mitbruder Eugen III., offensichtlich für die spirituelle Unbedenklichkeit und Reife der Hildegard-Texte eintrat. Auf einem anderen Blatt steht die kritische Bemerkung Peter Dinzelbachers, wonach die Briefempfängerin den Text Bernhards später habe anreichern und zu ihren Gunsten habe verändern lassen.[71]

Seiner in Christus geliebten Tochter Hildegard widmet Bruder Bernhard, genannt Abt von Clairvaux, sein Gebet, wenn das Gebet eines Sünders etwas vermag. Wenn

70 Hildegard geht offensichtlich von der Vorstellung aus, Gott wolle Bernhard zu sich rufen. Und da könne er Hildegards Anliegen gleichsam persönlich überbringen.

71 Peter Dinzelbacher: Bernhard von Clairvaux, a.a.O., S. 312.

manche über unsere Wenigkeit weit anders zu denken scheinen, als unser Gewissen sich selbst einschätzt, so ist dies nicht unserem Verdienste, sondern der Torheit der Menschen zuzuschreiben.[72]

Ich beeile mich, an deine süße und fromme Liebe zu schreiben. Doch zwingt mich die Menge der Geschäfte[73] zu größerer Kürze als mir lieb ist. Wir wünschen Glück zu der Gnade Gottes, die in dir ist, und ermahnen dich, du wolltest sie auch eben als Gnade betrachten und dich bemühen, ihr in vollem Eifer der Demut und Andacht zu entsprechen. Du weißt ja, dass Gott den Hoffärtigen widersteht, den Demütigen aber Gnade gibt. Soviel an uns ist, ermahnen und beschwören wir dich. Was können wir da lehren oder ermahnen, wo eine innere Unterweisung stattfindet und eine geistliche Salbung, die über alles belehrt?

Man sagt ja von dir, dass du wollest vor Gott unser gedenken, sowie gleichfalls derer, welche wir uns in geistlicher Genossenschaft[74] verbunden sind. Denn wenn sich dein Geist mit Gott verbindet, dann vertrauen wir darauf, dass du uns viel zu nützen und zu helfen vermagst. Denn viel vermag das anhaltende Gebet des Gerechten.

Auch wir beten anhaltend für dich, du mögest zum Guten gestärkt, für das Innere unterwiesen und auf das

---

72 Auch daraus spricht eine Demutsgeste, wenn Bernhard vermeidet, sich selbst als Abt zu titulieren, jedoch Wert darauf legt, sein Sündersein ausdrücklich anzumerken. Das Gleiche gilt für die Einschätzung seiner Person durch andere.

73 Bernhard von Clairvaux machte aus der Fülle der ihm zugemuteten Arbeiten kein Hehl, sondern er beklagte sich selbst beim Papst darüber.

74 Gemeint ist der Zisterzienser-Orden.

ewig Dauernde hingelenkt werden. Mögen diejenigen, welche ihre Hoffnung auf Gott gesetzt haben, nicht ins Schwanken geraten, indem sie an dir verzweifeln. Mögen sie vielmehr unter Zunahme des göttlichen Segens, den man dir zuströmen sieht, wohlgestärkt immer von Besserem zu Besserem vorwärtsschreiten! (Oehl, S. 80–81)

Hildegard an Papst Alexander III.

Diese Zeilen werden offensichtlich vom Rupertsberger Kloster aus geschrieben, wo Hildegard bereits seit einigen Jahren als Äbtissin tätig ist. Beweggrund ist die Tatsache, dass der Abt vom Disibodenberg der Übersiedelung nach Bingen widersprach. Ihm lag daran, die weithin bekannte Seherin auch künftig in seiner Nähe zu behalten, was auch dem Ansehen seines Klosters gutgetan hätte. Nun setzt er die Rupertsberger Nonnen unter Druck, indem er ihnen die aus seinem Kloster zustehenden Seelsorger und damit die unverzichtbaren Sakramente der Eucharistie samt der Beichte versagt – für eine geistliche Gemeinschaft eine unzumutbare Situation. – Alexander amtierte von 1159 und 1181. Der Rupertsberger Benediktinerinnen nahm er sich schließlich auch an. Das geht aus einer entsprechenden Weisung hervor, die der Papst an Propst Wezin von Sankt Andreas in Köln ergehen ließ.

O höchste und ruhmreiche Person, die du an die erste Stelle [der Kirche] eingesetzt bist durch das Wort Gottes, durch welches alle vernünftigen und unvernünftigen Geschöpfe, jedes in seiner Art, gemacht sind. Du bist es, dem dieses Wort unter der Hülle der Menschheit die Schlüssel des Himmelsreiches, das heißt die Macht [in der Beichte] zu binden und zu lösen, vorzugsweise übertragen hat.

Die Würde, o vortrefflichster Vater, ist der wesentliche Kernstoff aller geistlichen Personen, welche die Trompeten der göttlichen Gerechtigkeit ertönen lassen, die von mannigfachem Schmuck umkleidet ist und erglänzt … Sei du der Morgenstern, der der Sonne des Tages vorauseilt in der Kirche, welche so lange durch die Finsternis des Schismas[75] verwirrt ist und deshalb des Lichtes göttlicher Gerechtigkeit entbehrt. Züchtige also im Eifer für Gott, salbe aber auch mit dem Öle der Barmherzigkeit die Reuigen! Denn Gott liebt mehr die Barmherzigkeit als das Brandopfer.

Nun, o gütigster Vater, beugen ich und meine Schwestern unsere Knie vor deiner väterlichen Liebe und bitten, du wollest uns wert erachten, unserer Dürftigkeit in ihrer armseligen Gestalt einen Blick zu widmen. Wir sind jetzt in großer Betrübnis, weil der Abt von Disibodenberg und seine Mitbrüder Widerspruch erheben gegen unsere Gerechtsame und Wahl, die wir stets gehabt haben und betreffs welcher wir immer mit großer Sorgfalt zu wachen haben, dass sie uns nicht irgendwie beeinträchtigt werden. Denn wenn uns dieses Kloster die gottesfürchti-

75 Friedrich Barbarossa versuchte, die kaiserlichen Rechte in Italien wiederzugewinnen. Es kam zu einer weiteren Phase des schon früher durchgeführten Kampfes zwischen Kaisertum und Papsttum. Das Papst-Schisma (d.h. die Kirchenspaltung) war durch das Nebeneinander von Viktor IV. und Alexander III. gegeben, der 1176 mit Unterstützung der Langobarden den Kaiser besiegte. 1177 erkannte Barbarossa Alexander III. als rechtmäßigen Papst an. Dem folgte auch Hildegard.

gen und frommen Männer, die wir von ihm als Seelsorger verlangen, nicht zugesteht, dann würde das geistliche Leben bei uns völlig zerrüttet werden.

Deshalb, o Meister, hilf uns um des Herrn willen, dass wir entweder unser altes Recht der Seelsorgerwahl aus dem Kloster Disibodenberg unversehrt bewahren oder aber unbehindert anderwärts nach Tunlichkeit Priester für uns suchen können, welche nach Gottes Willen und zu unserem Nutzen für uns Sorge tragen.

Nochmals bitten wir dich, o frömmster Vater, du wollest unsere Bitten und unsere Boten nicht missachten, welche, durch einen unserer treuen Freunde ermahnt, dich bitten sollen, dass du tust, was in deinen Kräften steht, auf dass du nach dem Aufhören deines Lebens, das bereits zu Abend steigt, zu dem nimmer aufhörenden Lichte gelangen und Gottes süße Stimme vernehmen mögest. Wohlan, du guter und getreuer Knecht! (Oehl, S. 64–65)

Konrad III. an Hildegard

Es sind die beiden Staufer-Könige Konrad III. (1138–1152) und dessen Neffe und Nachfolger Friedrich I. Barbarossa (1152–1190), die zu den wichtigsten Adressaten in Hildegards Briefwechsel gehören. In großer Trauer über den frühen Tod seines Sohnes, des jungen Königs Heinrich, im Frühjahr 1150, wendet sich Konrad Fürbitte ersuchend an die auch von ihm hoch geschätzte Klosterfrau. Gleichzeitig versichert er sie der Zusage seiner Unterstützung, wenn immer sie diese nötig habe.

Konrad, durch Hilfe der göttlichen Gnade römischer König, entbietet der gottgeweihten Jungfrau Hildegard, der Oberin der Schwestern zu Sankt Rupert in Bingen, seinen Gruß und seine Gnade.

Das Königsamt hindert uns und mannigfache Wirbel und Stürme erschüttern uns, dass wir dich nicht unserem Wunsche gemäß besuchen können. Da wollen wir wenigstens nicht versäumen, uns schriftlich an dich zu wenden. Denn wir haben gehört, dass dir überreichlich höchstes Lob zuteil wird, sowohl wegen der Heiligkeit eines schuldlosen Lebens als auch wegen der Herrlichkeit des wunderbar von oben in dich kommenden Geistes.

Deshalb wenden wir uns, obwohl wir ein weltliches Leben führen, eilig zu dir, nehmen zu dir unsere Zuflucht und bitten demütig um die Hilfe deiner Gebete und Ermahnungen, weil wir ganz anders leben als wir sollten. Mit Gewissheit mögest du darauf rechnen, dass wir uns beeilen werden, dir und deinen Schwestern in jeder Angelegenheit und in jeder Not hilfreich beizustehen, wo wir nur können. Deshalb empfehle ich auch meinen Sohn, von dem ich wünsche, dass er mich überleben möge, sowie mich selbst aufs Angelegentlichste deinen Gebeten. (Oehl, S. 76–77)

Hildegard an König Konrad III.

Dass Hildegard so ungeniert, wie es hier geschieht, dem Herrscher des Reiches und anderen Mächtigen in Staat und Kirche entgegentritt, ist gewiss zu einem nicht gerin-

gen Teil der Tatsache zu schulden, dass sie selbst adeliger Herkunft ist, wodurch die bestehende Kluft der Standesunterschiede gemildert wird. Doch nicht allein von daher gewinnt sie die ihr eigene, gleichsam naturgegebene Selbstsicherheit. Von sehr viel größerem Gewicht ist für sie die überkommene prophetische Gabe, deretwegen sie von ihren Zeitgenossen, gleich welchen Standes, geachtet wird.

Er, der allen das Leben gibt, spricht: Selig sind, die würdig unter dem Leuchter des höchsten Königs stehen und für welche Gott in großer Vorsehung Sorge getragen hat, dass er sie nicht von seinem Busen wegreißt.

Bei ihm harre aus, o König, und wirf die Unsauberkeit aus deinem Sinne! Denn Gott bewahrt jeden, der ihn mit Hingabe und Reinheit sucht. Führe aber auch deine Regierung auf solche Weise und sorge für die Deinigen in jeglicher Hinsicht so für Gerechtigkeit, dass du dich dem himmlischen Reiche nicht entfremdest.

Nach dieser mehr grundsätzlich gehaltenen Mahnung kommt Hildegard auf bevorstehende Zeiten des Abfalls zu sprechen, die die Kirche betreffen, deren Schutz und Verantwortung dem jeweiligen König anbefohlen ist. Nach einer Zeit des geistlichen Niedergangs werde sich aber eine Morgenröte der Gerechtigkeit einstellen. Und da sei er, der König, in seinem Tun und Leben als Christ gefordert.

Höre! In einer Beziehung wendest du dich von Gott ab. Die Zeiten, in denen du lebst, sind leichtfertig wie gewisse Frauenzimmer und neigen sich zu einer feindseligen Ungerechtigkeit, welche die Gerechtigkeit im Weinberge des Herrn zu vernichten trachtet. Später werden noch schlechtere Zeiten kommen, in denen die wahren Israeliten[76] werden gegeißelt werden und in denen der katholische Thron[77] im Irrtum wanken wird. Deshalb werden die letzten Dinge davon Gotteslästerungen sein, abscheulich wie ein Kadaver im Tode. Darum verbreitet sich dieser Schmerz im Weinberge des Herrn wie Rauch …

Die nachfolgenden Zeiten werden das Zeichen männlicher Tapferkeit sehen lassen, sodass alle Salbenbereiter mit Furcht, Scham und Weisheit zu der ersten Morgenröte der Gerechtigkeit eilen. Die Fürsten werden einmütige Eintracht halten … Und abermals spricht derjenige, der alles weiß, zu dir, o König: Wenn du dieses hörst, o Mensch, so bändige dich selbst in deinem Willen und bessere dich, damit du gereinigt in jene Zeiten gelangst, in denen du über deine Handlungen nicht mehr zu erröten brauchst. (Oehl, S. 77–78)

Hildegard an Friedrich Barbarossa

Dass Hildegard nicht nur so mancher Demutsbezeugung, sondern auch einer dem König zugedachten unmissverständlichen Rüge, ja einer Drohung fähig ist, geht aus einem Fragment hervor, das Bestandteil eines ausführlicheren Briefes sein dürfte. Im Bewusstsein ihrer prophetischen

76 Anspielung auf ein Wort, das der johanneische Christus einem seiner künftigen Jünger zuspricht; vgl. Joh 1,47.

77 Es handelt sich um das Papsttum.

Sendung macht sie deutlich, wer es ist, der durch sie das Wort erhebt:

Der da ist, spricht: Ich zerstöre die Halsstarrigkeit, und den Widerspruch derjenigen, die mich verachten, vernichte ich durch mich selbst. Wehe, wehe über dieses Böse der Ungerechten, die mich verachten! Dieses höre, o König, wenn du leben willst, sonst wird mein Schwert dich durchbohren … (Oehl, S. 80)

Friedrich Barbarossa an Hildegard

So barsch die bruchstückhafte, zeitlich schwer einzuordnende Mahnung Hildegards an Barbarossa auch ausgefallen ist, so ist daraus nicht zu schließen, dass der Kaiser seinen Groll an ihr ausgelassen hätte. Im Gegenteil, wir wissen, dass er seine schützende Hand über sie und die Frauengemeinschaft auf dem Rupertsberg ausgestreckt und durch einen Schutzbrief bestätigt hat. Auch wenn Hildegard noch lange nicht kanonisiert sein kann, so erblickt sein Wohlwollen in der auf Demut bedachten Ordensfrau ein Kennzeichen von „Heiligkeit". Eine ihrer Voraussagen scheint sich erfüllt zu haben, auch kennen sich beide aus einer persönlichen Begegnung in Ingelheim. Von daher besteht, nach den folgenden Zeilen zu urteilen, eine geradezu freundschaftliche Beziehung.

Friedrich, durch Gottes Gnade römischer Kaiser und allezeit Mehrer des Reiches, entbietet der Herrin Hildegard von Bingen seine Gnade und alles Gute. Wir tun deiner Heiligkeit kund, dass wir dasjenige schon in Händen halten, was du uns vorausgesagt hast, als wir bei unserem Aufenthalt in Ingelheim dich zu uns gebeten hatten. Aber wir werden trotzdem nicht ablassen, für die Ehre des Reiches zu arbeiten.

Darum ermahnen wir deine Liebe aufs innigste, du wollest mit den dir anvertrauten Schwestern vor dem allmächtigen Gotte Gebete für uns ausgießen, dass er, während wir in irdischen Aufgaben arbeiten, sich uns zuwende und wir seine Gnade erlangen können. Du darfst aber sicher sein, dass wir bei allen Angelegenheiten, die du vor uns bringst, weder auf die Freundschaft noch auf den Hass irgendeiner Person Rücksicht nehmen werden, sondern den Vorsatz haben, einzig in Rücksicht auf die Gerechtigkeit nach Billigkeit zu entscheiden. (Oehl, S. 78–79)

Hildegard an Friedrich Barbarossa

Die bildhafte Redeweise ist es immer wieder, mit deren Hilfe sie einerseits schonend, andererseits doch deutlich genug zum Ausdruck bringt, worin die Botschaft an König Barbarossa besteht. Ihm überlässt sie es, das gleichnishaft Angedeutete auf die ihm, dem Briefempfänger, bekannte Sachlage anzuwenden. Und die hat mit der inneren Situation in den Gremien der kirchlichen Obrigkeit zu tun, aber auch mit ihm selbst. Hildegard erhebt gegenüber Barbarossa den Vorwurf der Maßlosigkeit. Auch sei er mit Blindheit geschlagen. Die Seherin ermahnt ihn, doch verzichtet sie im folgenden Schreiben darauf, schärfere Töne anzuschlagen.

Vom höchsten Richter werden folgende Worte an dich gerichtet: Sehr wunderbar ist es, dass die Menschheit eine solche Person notwendig hat, wie du es bist, o König!

Ein König stand auf einem hohen Berge, blickte in alle Täler hinein und sah, was jeder in ihnen machte. Und er hielt einen Stab in der Hand und ordnete alles richtig an, sodass grünte, was dürr war, und erwachte, was schlief. Dieser Stab nahm aber auch die Strafe der Dummheit von denen, die in großem Eifer waren. Als nun dieser Mann sein Auge nicht öffnete, kam ein schwarzer Nebel und bedeckte jene Täler. Raben aber und andere Vögel verwüsteten alles ringsum.

Nun, o König, habe eifrig Fürsorge, denn alle Gegenden sind überschattet durch den betrügerischen Schwarm derer, die in der Schwärze der Sünden die Gerechtigkeit vertilgen. Räuber und Irrgeister[78] zerstören den Weg des Herrn. O, du König, beherrsche mit dem Szepter der Barmherzigkeit die trägen, fremdartigen und überaus wilden Sitten! Denn du hast einen ruhmreichen Namen, weil du König in Israel bist.[79] Sehr ruhmreich ist dein Name. Sieh also zu, wenn der höchste König dich betrachtet, dass du nicht beschuldigt werdest, du habest dein Amt nicht recht verwaltet, und dass du dann nicht zu erröten brauchst. Das sei ferne!

Offenbar ist es recht, dass ein Gebieter seine Vorgänger im Guten nachahme. Kohlschwarz sind die Sitten derjenigen geistlichen Oberen, die sich in Üppigkeit und Fäulnis gehen lassen! Davor fliehe, o König! Sei vielmehr

78 Hildegard denkt vermutlich an die Vertreter der Katharer-Bewegung.
79 Gemeint ist Barbarossa als Beschützer der Christenheit, die das neue Israel darstellt.

ein bewaffneter Krieger, der dem Teufel tapfer widersteht, damit Gott dich nicht vernichte und das irdische Reich sich dessen nicht schäme. Gott möge dich befreien von dem ewigen Verderben. Mögen deine Zeiten nicht dürr sein, und Gott schütze dich, dass du lebest in Ewigkeit!

Wirf die Habsucht von dir und erwähle die Enthaltsamkeit! Das liebt der höchste König sehr. Es ist sehr nötig, dass du in deinen Angelegenheiten vorsichtig seiest. Denn in geheimnisvoller Vision sehe ich, dass du vor den lebendigen Augen in sehr vielen Stürmen und Widerwärtigkeiten lebst. Dennoch hast du noch Zeit, in irdischen Dingen zu herrschen. Hüte dich also, dass der höchste König dich nicht niederschmettere wegen der Blindheit deiner Augen, die nicht richtig sehen, wie du den Stab des rechten Regierens in deiner Hand halten sollst. Sieh auch zu, ein solcher zu sein, dass die Gnade Gottes nicht aufhöre in dir! (Oehl, S. 79–80)

Erzbischof Heinrich von Mainz an Hildegard

Zu den älteren erhaltenen Briefen an und von Hildegard gehört der Briefwechsel mit dem Mainzer Erzbischof Heinrich. Er ist es gewesen, der zu der Bekanntschaft Papst Eugens III. mit der Autorin des „Scivias"-Buches beigetragen hat. Insofern war er mit ihr seit dem Aufenthalt auf dem Disibodenberg wohlwollend verbunden. Im folgenden Schreiben weist er die Äbtissin an, eine ihrer Rupertsberger Nonnen freizustellen, die in einem anderen Kloster ebenfalls mit dem Amt der Äbtissin betraut worden ist. Dabei erstaunt der herrschaftliche Befehlston, mit dem der Kirchenfürst von der „geliebten" Klostervorsteherin die Freigabe der betreffenden Nonne verlangt. Die Verwunderung ist umso größer, weil er im Fall der Verweigerung sogar eine Verschärfung seines Befehls in Aussicht stellt, also eine kompromisslose Durchsetzung seiner bischöflichen Machtbefugnis hervorhebt. Hier stoßen zwei unterschiedliche Autoritäten hart aufeinander. Der Mainzer Erzbischof intoniert zunächst väterlich entgegenkommend.

Heinrich, durch die Gnade Gottes Erzbischof des Mainzer Stuhles, entbietet der geliebten Vorsteherin des Klosters vom Berge des heiligen Bekenners Rupert seine Gunst und väterliche Zuneigung.

Nachdem wir viele treffliche und staunenswerte Wunder von dir vernommen haben, ist es nur eine Schuld unserer Trägheit, wenn wir dich nicht so oft besuchen, als wir könnten. Allein durch sehr viele Geschäfte verhindert, vermögen wir unsere Seele kaum dann und wann und mit Mühe zu dem zu erheben, was ewig ist.

Um aber auf das zu kommen, was wir bezwecken, so machen wir dir bekannt, dass einige Ordensleute von einer angesehenen, uns bekannten Kirche gekommen sind und dringend gebeten haben, dass die Schwester, welche sie verlangen und welche in deinem Kloster das Ordenskleid trägt, ihnen nach ihrer Wahl als Äbtissin zugestanden werde. Kraft des Ansehens unserer Vorsteherschaft und Vaterschaft gebieten wir dir und erlegen dir befehlend auf, dass du diese Schwester den sie gegenwärtig Beanspruchenden als Äbtissin überlassest.

Nach Erfüllung dieses Befehles wirst du unsere Gnade künftig in noch höherem Grade als bisher erfahren. Im anderen Falle aber werden wir dir unseren Befehl noch einmal, aber schärfer, zugehen lassen und nicht ruhen, als bis du unsere Vorschrift durch die Tat befolgt hast. (Oehl, S. 66)

Hildegards Antwort

Auch ihrer Antwort fehlt nicht die Unerbittlichkeit und Schärfe, die man der besonnenen Hildegard kaum zutraut. Dabei leitet sie ihre Weigerung nicht etwa von einem persönlichen Ermessen ab, sondern von demjenigen „durchsichtigen Quell", also der allerhöchsten Instanz, der sie ihre prophetische Gabe verdankt. So erweckt Hildegard in diesem Fall den Anschein, es sei der Geist Gottes, also Gott selbst, „der Hohe und Tiefe", der dem Erzbischof in Hildegards von Emotion geladenen Worten erwidert!

Der durchsichtige Quell, der nicht trügt, sondern gerecht ist, spricht: Die Gründe, welche in Bezug auf die Erhebung des erwähnten Mädchens zur Äbtissin vorgebracht wurden, taugen nichts. Denn ich, der Hohe und Tiefe, der ich allumfassend und das einfallende Licht bin, habe dieselben weder aufgebracht noch angenommen. Sie sind vielmehr ein Machwerk der vereinigten Kühnheit unwissender Herzen. Alle Gläubigen mögen dies in die willigen Ohren ihres Gemütes aufnehmen, nicht aber bloß in die Ohren, welche nur äußerlich hören wie die Tiere, welche nur den Ton, nicht aber den Sinn des Wortes vernehmen.

Der Geist Gottes spricht im Eifer: O ihr Hirten, klagt und trauert in jetziger Zeit, denn ihr wisst nicht, was ihr tut, wenn ihr die auf Gott gegründeten geistlichen Ämter an den Geldbesitz und die Torheit arger Menschen verschleudert[80], welche die Furcht Gottes nicht haben. In einem solchen Falle braucht man auch auf eure verfluchten, boshaften und drohenden Worte nicht zu hören. Eure strafende Zuchtrute, die ihr dann hochmütig hervorhebt, ist nicht im Namen Gottes ausgestreckt, sondern zur Strafe der Vermessenheit eures schändlichen Willens.

Derjenige, der da ist [Gott], spricht zu dir, o Mensch: Höre, du vernachlässigst viele meiner Dienste. Der Himmel ist schon geöffnet für die Rache des Herrn, die Stricke sind schon für die Feinde verteilt. Du aber erhebe dich, da deine Tage kurz sind, und gedenke, dass auch Nebukadnezar[81] fiel und seine Krone zugrunde ging. Auch viele andere sind gefallen, die sich vermessen zum Himmel emporhoben. – O du Staub und Asche, warum schämst du dich nicht, dich in die Höhe auszubreiten, während du doch unten im Moder liegen solltest? Mögen also nun die Wütenden zuschanden werden! Du aber er-

80 Es handelt sich um die in der fraglichen Zeit von den Reformtheologen angeprangerte „Simonie“, um die Unsitte also, geistliche Ämter zu erkaufen. Hildegard unterstellt demnach, dass auch die fragliche Wahl der aus ihrer Gemeinschaft zu einer Äbtissin erhobenen Nonne den Charakter einer Simonie an sich habe.

81 Babylonischer Herrscher (vgl. das Buch Daniel); Inbegriff des Feindes Israels im Alten Testament.

hebe dich, entziehe dich dem Fluche und fliehe ihn! (Oehl, S. 66–67)

Erzbischof Arnold von Mainz an Hildegard

Hier handelt es sich um den Nachfolger Heinrichs von Mainz, der an Pfingsten 1153 abgesetzt worden ist. Beide Staufer-Könige, Konrad III. und Friedrich I., schätzten den offensichtlich recht begabten, im Wechselverhältnis von Staat und Kirche nützlichen Kirchenmann. Friedrich Barbarossa war es, der ihm das Mainzer Bistum verlieh. Nun geht es Arnold darum, durch Hildegard bei seinen Bestrebungen vor Gott geistlich unterstützt zu werden.

Arnold, durch Gottes Gnaden Erzbischof des Mainzer Stuhls, entbietet der gottgeweihten Jungfrau und Oberin auf dem St. Rupertsberge, Hildegard, seine Huld und väterliche Liebe.

Wir wissen, der Heilige Geist weht, wo er will, und gibt ein, wie er will, indem er seine Gaben an jeglichen verteilt, wie es ihm beliebt. Dieses sagen wir aber, ohne in Bezug auf dich zweifelhaft zu sein. Wie kann es Wunder nehmen, wenn der durch seine Eingebung dich belehrt, welcher einst Hirten und Leute, die von wilden Feigen leben[82], zu Propheten machte und die Eselin menschliche Worte reden[83] ließ?

Wir dürfen also nicht wider Gottes Gaben streiten, wir sind dazu auch nicht in der Lage. Wir bitten vielmehr

82 Anspielung auf den alttestamentlichen Propheten Amos, Kap. 7,14.
83 Vgl. Num 22,28 f.

deine Liebe, du wollest uns mit deinen Bitten beim Herrn zu Hilfe kommen, damit wenigstens unsere Tage in der Furcht und Liebe unseres Herrn vergehen, auf dass wir, im Guten vollendet, verdienen, das Leben der ewigen Glückseligkeit nach diesen Tagen zu erlangen. (Clarus I, S. 140)

Hildegards Antwort

O Vater, das lebende Licht hat mir diese Worte für dich gegeben. Weshalb verbirgst du dein Antlitz vor Gott, gleichsam in der Verwirrung deines zornigen Herzens?

Die geheimnisvollen Worte bringe ich ja nicht von mir selber hervor, sondern wie ich sie im lebendigen Lichte schaue, sodass mir offenbart wird, was oft mein Sinn nicht begehrt und was auch mein Wille nicht sucht. Häufig schaue ich dergleichen gezwungenerweise. Ich bitte aber zu Gott, dass du seine Hilfe nicht wie eine Verbannung ansehen wollest, deine Seele auch gehorsam sein möge in reinem Wissen und Hinschauen auf den Spiegel des Heils, auf dass du ewig leben mögest.

Nimmer trenne sich auch das glänzende Licht der Gnade Gottes von dir. Es möge dich vielmehr die Barmherzigkeit Gottes also schützen, dass der alte Verfolger [der Teufel] dich nicht berücke. Lass jetzt dein Auge in Gott leben und die frische Kraft deiner Seele nicht vertrocknen.

Das lebendige Licht spricht zu dir: Warum bist du nicht stark in den Anwandlungen der Furcht? Du hast gewissermaßen einen Eifer. Du willst wohl den Weizen sieben[84] und auf einmal überwinden und fortwerfen, was dir zuwider ist. Das will ich nicht. Nein, aus dem Auge deines Herzens wische den unruhigen Sinn hinweg. Von dir selber und von deinem Volke schneide alles Unrecht hinweg! Denn es nahen Kriege in den Sinnen und Meinungen der Menschen, weil sie weder in der Zucht noch in den Schranken der Furcht Gottes bleiben. Du aber darfst dich nicht fürchten, sie zum Guten zu treiben. Wenn du deshalb Trübsal und Not auszustehen haben wirst, so zittere nicht, denn der Sohn Gottes hat das Gleiche erlitten. Richte dich also zum Herrn empor, weil deine Zeit schnell kommen wird. (Clarus I, S. 141)

Adam, Abt zu Ebrach, an Hildegard

Wie berichtet, kam Hildegard auf ihren Reisen auch nach Franken, um unter anderem in Bamberg öffentlich zu predigen. Westlich der Bischofsstadt hatten sich die Zisterzienser von Morimond aus der Champagne in der damals noch schwer zugänglichen, dicht bewaldeten Gegend des heutigen Steigerwaldes niedergelassen und 1127 das Kloster Ebrach gegründet. Es stellte die erste Zisterze im rechtsrheinischen Deutschland dar. Adam wurde der erste Abt von Ebrach, ein Vertrauter Bernhards, zugleich ein befähigter, in Kirche und Staat angesehener Mönch. Der ihm nahestehende Bernhard von Clairvaux hatte ihn mit der Kreuzzugspredigt im östlichen Franken beauftragt. Sowohl König Konrad III. als auch Friedrich Bar-

84 Gemeint ist: die Spreu vom Weizen zu trennen.

barossa schätzten Adams Fähigkeiten, mit Menschen umzugehen. So konnte man sich gegebenenfalls auch an ihn als Vermittler wenden. Davon scheint, wie aus dem folgenden Text ersichtlich, Hildegard Gebrauch gemacht zu haben. In seinem Anschreiben bekundet Adam seine Freude darüber, die persönliche Bekanntschaft mit ihr gemacht zu haben. Von der Rupertsbergerin sind drei Briefe an den Ebracher Abt bekannt. Auch mit dem einen oder anderen der Mönche, unter ihnen Rüdiger, scheint sie einen brieflichen Austausch gepflegt zu haben. Adam schreibt:

Seiner geliebtesten Mutter, Frau Hildegard … Gott erhöhte meine Freude, da er es mit gütigem und wunderbarem Winke also leitete, dass in unserm Land dein Antlitz geschaut, deine Stimme gehört ward, und er mir, was ich kaum hoffen konnte, ein Zwiegespräch verstattete.

Ich vertraue darauf, dass du es nicht vergessen hast, was ich dir damals als den Grund einer Angst bei mir bezeichnete. Weil aber Verschiedene jeweils etwas Anderes meinen, die einen dieses, die andern jenes, so möge, wenn es etwas Gutes ist und Heil beim Herrn wirkt, Gott gepriesen sein. Ist es etwas Gefährliches, so bitte Gott, er wolle mir Gutes und Heil der Seele bescheren und jegliche Gefahr beseitigen.

Nun aber sende ich Schreiben und Botschaft zugunsten deiner Angelegenheit an unseren Kaiser und Herren. Ich hoffe zur Gnade Gottes, dass wir werden erhört werden. Wo du unseres Dienstes bedürfen wirst, werden wir bereit sein, dir zu dienen. Wir bitten auch, du wollest uns, weil wir um der Sorge für unsere Brüder willen uns in

einem wahren Sturme befinden, würdig erachten, für uns zu beten, dass die Gnade des Heiligen Geistes, welche durch den prophetischen Geist viele Wunder in dir wirkt, auch uns ansehen und befestigen möge. Wir bitten ferner, dass du auch uns würdigen wollest, uns durch deine Schriften zu trösten und zu befestigen.
(Clarus I, S. 193–194)

Hildegards Antwort

In einer wahren Vision des Geistes habe ich wachenden Leibes diese Worte vernommen: Der da ist, spricht:

Die Sonne glänzt und wirft ihre Strahlen. Ein Mann aber, ein Freund der Sonne, hatte einen Garten, in welchem er viele Gewürze und viele Blumen eifrig und mit großem Verlangen zog. Die Sonne sendete im Feuer ihrer Strahlen Hitze auf die Gewürze und Blumen hinab. Tau und Regen gaben ihnen Feuchtigkeit, dass sie grünten. Da ging aus Mitternacht [d.h. von Norden] ein verworrenes Bild hervor mit schwarzen Haaren und entsetzlichem Angesichte, aus Morgen [von Osten] ein sehr schöner Jüngling mit leuchtendem Haar, mit vollem und freundlichem Gesicht. Beide kamen in jenen Garten.

Das verworrene Bild sprach zum Jüngling: Woher kommst du? – Der antwortete: Vom Morgen komme ich her zu dem Garten des weisen Mannes, weil ich ein großes Verlangen gehabt habe, mich ihm zu nähern. – Das Bild sprach: Höre mich, gefährlicher Wind, Hagel, Feuer und Pest werden über diesen Garten kommen und denselben ausdorren. – Der Jüngling aber erwiderte: Nein,

nein, das wird nicht geschehen, denn ich will es nicht, sondern ich werde eine sehr reine Quelle hervorbringen und den Garten befeuchten. – Das verworrene Bild sprach: Na, das ist ebenso wahrscheinlich, wie wenn eine Heuschrecke einen harten Stein durchbohren sollte.

Nun führte das Bild im Winter seinen Vorsatz durch, um die Gewürze und Blumen zu verderben. Der erwähnte Jüngling bemerkte das zuerst nicht. Dann aber rief er laut zur Sonne empor, sie möge in das Zeichen des Stiers eintreten und von Neuem die grünende Kraft in den Garten einströmen lassen … Zu dem Gartenbesitzer aber sagte er: Gib dich nicht länger dem nachlässigen Vertrauen hin, sondern umgib deinen Garten mit einer Schutzmauer, dass ihn die schwarzen Vögel in den Stürmen nicht verdorren lassen.

Mit dieser Allegorie setzt Hildegard die von allerlei Widerständen und Mühen verbundenen Rodungs- und Kultivierungsarbeiten ins Bild, die die Ebracher in dieser Waldregion zu bewältigen haben. Sie mögen ihrem Abt als Denkanstoß und Empfehlung für sein Schaffen dienen.

Du aber, Vater Abt, der du durch höchste Berufung an Christi Statt gestellt bist, erkenne, dass diese Worte gerade zu dir gesprochen sind. Vernimm also: Die Gnade Gottes leuchtet wie die Sonne und verteilt ihre Gaben bisweilen weisheitsvoll in dieser Art auf diese Weise … Du aber, Mann, Freund der Gnade Gottes, hast den Garten des Volkes, in welchem du an Christi Statt viele gute Wünsche und gute Werke eifrig pflanzen musst. Die

Gnade Gottes sendet in der Kraft seiner Gaben die Wirksamkeit des guten Willens auf jene Wünsche und Werke. Sie lässt sie durch Tau und Regen und den Quell lebendigen Wassers grünen. Vom Teufel aber gehen die Laster aus in der Unruhe des eitlen Ruhmes, welcher der Belehrung durch mich widersteht. Von Gott gehen jedoch die Tugenden aus in der Verachtung der weltlichen Dinge in dem vollen Wohlwollen der Unterwerfung in der Liebe und kommen zu jenem Volke. Die Laster aber fragen bei den Tugenden an, wozu sie gekommen seien …

Zu den Ratschlägen der Seherin gehört die Empfehlung, nicht auf die eigenen Kräfte zu vertrauen, obwohl sein ganzer Einsatz gefordert ist, sondern angesichts der „teuflischen Nachstellungen", worin sie auch bestehen mögen, Zuflucht zur Gnade Gottes zu nehmen und sich in der im Bild einer strahlenden jungen Frau geschauten Liebe seinem Werk zuzuwenden. Denn die Liebe sei es, die den „Stoff der Kreatur" verkörpere. Damit stellt sie dem Briefempfänger das Bild der Schöpfung vor Augen:

Als Gott die Welt erschaffen wollte, neigte er sich in süßer Liebe und sorgte für alles Notwendige im Voraus, wie ein Vater seinem Sohn die Erbschaft bereitet. Er ordnete also in großem Eifer seine Werke. Darauf erkannte die Kreatur in diesen Formen und Gestalten ihren Schöpfer, denn die Liebe war im Anfang der Stoff der Kreatur, als Gott sein: „Es Werde!" [*fiat*] gesprochen hatte und sie geworden war. Alle Kreatur ist gleichsam in einem Augenblick durch jene gebildet. Sie leuchtet mit so strahlendem Antlitz, dass man sie nicht vollkommen anschauen kann, weil sie die Furcht Gottes in so reinem Gewissen zeigt, wie ein sterblicher Mensch sie nicht bis zum Ende durchführen können wird.

Auch die folgenden Ausführungen sprechen eine bildhaft-allegorische Sprache. So sieht Hildegard in Adam und Eva die allgemeinen leitenden Grundtugenden personifiziert, aus denen nach und nach – im Laufe der Menschheitsgeschichte – alle weiteren Tugenden hervorgegangen seien. Was den Mönch Adam betrifft, so sind ihre Ermunterungen darauf gerichtet, den bei ihm über der belastenden Arbeit offensichtlich eingetretenen Überdruss zu überwinden und die ihm angetragene Aufgabe im Weinberg Gottes beherzt fortzusetzen.

Diese Tugenden klopfen an deine Türe, o Mensch, zu dem ich spreche ... Und die Liebe spricht zu dir: O treuer Freund, wir wollen nicht, das du dich deiner amtlichen Bindung entziehst. Als Gott alle Geschöpfe im Himmelskreise umher aussäen wollte, haben wir alle seine Werke umfasst und mit ihm gewirkt. Allein der Mensch fiel. Wir [Gott] haben mit ihm geweint und ihn nicht verlassen ... Und die Demut spricht zu dir insbesondere: Ach, unter wie großen Schmerzen habe ich den Menschen ertragen! – Du aber sprichst: Ich will fliehen. – Aber du hast eine Last, welche du nach dem Weinberge tragen sollst. Und da bleibst du etwa stehen und willst nicht voranschreiten? In Überdruss hast du dich verwickelt und deinen Blick auf einen anderen Weg gerichtet.

Weil aber das Volk dich liebt, so wirke mit ihm! Wenn aber unter den Unruhen des Kriegs der Wind sein Tosen erhebt und ein Wandel der Sitten eintritt, dann schau auf mich [die Demut]. Ich werde dir mit der ganzen Kraft meiner Flügel helfen. Samson verlor, obwohl er sehr stark war, durch die Torheit des Weibes seine Kraft.[85] Hüte dich also, dass es dir nicht also ergehe, wenn du dem Überdruss durch Zuwilligung entsprichst. Auch Salomos Ruhm ging infolge der Torheit von Frauen zugrunde. Achte daher sorgfältig darauf, dass durch den Wechsel dieser deiner Erkenntnis die frische Kraft, welche du von Gott hast, nicht schlaff werde ... Wirke auch mit dem Volk, so wirst du unter dem Licht der Sonne bleiben.

Du, Vater, höre: Wie der Morgenstern mit seinem Licht der Morgenröte vorauseilt, so gewähre allen Hilfe mit dem Kuss der Liebe, welche dir Gott gegeben hat. Er wird dir auch das Leben geben, worauf er schon am ersten Tag seinen Blick gerichtet hatte.
(Clarus I, S. 194–199)

Abt Nikolaus von Heilsbronn an Hildegard

Wie aus dem Briefbestand ersichtlich, ergab es sich immer wieder, dass Hildegard einerseits dank ihrem Kontakt mit Bernhard von Clairvaux, andererseits im Zusammenhang mit ihrer Frankenreise, mainaufwärts nach Bamberg, neben Abt Adam und den Mönchen im Kloster Ebrach auch mit anderen Zisterziensern in einen geistli-

85 Das alttestamentliche Buch der Richter, Kap. 13 ff. schildert die Geschichte des als Nasiräer , d.h. „Gottgeweihter", auftretenden Samson (Simson), dem es verboten war, sein Haar zu scheren. Das tat jedoch seine Frau, was den Verlust seiner außerordentlichen Körperkräfte zur Folge hatte.

chen Austausch kam. Dazu gehört das Kloster in Heilsbronn, im Mittelfränkischen, westlich von Nürnberg gelegen, bekannt durch sein heute von der lutherischen Landeskirche Bayerns und evangelischen Zisterziensern betreutes Heilsbronner Münster. Im Rahmen des Möglichen kam es zu gelegentlichen wechselseitigen Besuchen, wie Nikolaus in seinem Schreiben durchblicken lässt. Abgesehen von bestimmten Gebetsanliegen ging es durchwegs um eine ebenfalls wechselseitige Bestätigung und Stärkung, auf dem eingeschlagenen Weg der Christusnachfolge fortzufahren.

Der verehrungswürdigen, in Christus sehr geliebten Mutter, der Oberin vom heiligen Rupert, wünscht Nikolaus, welcher Abt von Heilsbronn genannt wird, alles, was Glückliches gedacht und Erhabenes erhofft werden kann.

Ich habe die gewisse Überzeugung von dir, dass du es allezeit für ein liebliches Werk gehalten hast, allen so viel als möglich nützlich zu werden. Deshalb bitte ich dich dringend, du wollest auch mir mit gewohnter Liebe beistehen. Weshalb ich deine Heiligkeit so lange nicht besucht habe, wird dir, wie ich glaube, nicht unbekannt sein. Ich hatte es von ganzem Herzen gewünscht. Was ich mit dem Körper nicht vermochte, führe ich nun mit dem Geiste aus. Ob es so sei, dazu bedarf es keines anderen Zeugen außer dir.

Nun aber bitte, fordere, ja bedränge ich dich, dass du mir göttlichen Trost zukommen lassen wollest, indem du mich durch deine Briefe mahnst und durch deine heiligen Gebete aus dem Übel herausziehst. Gott ist nichts unmöglich. Und wir wissen, wie auch dieses nicht verweigert werden wird. (Clarus II, S. 22)

Hildegards Antwort

Für die Empfänger und Empfängerinnen von Hildegards Briefen ist zweifellos bedeutsam, dass diese prophetisch begabte Frau mit der ihr eigenen Vollmacht dafür einsteht, das heißt, dass sie nicht nur ihre Meinung und Gutdünken äußert, sondern sagen kann: Es ist die Weisheit und es ist das Licht, das ihr geschenkt wird, um mit dieser Kompetenz unter den Menschen zu wirken – so auch in den folgenden Zeilen, obwohl Hildegard hier eher in allgemeinen Feststellungen der bestehenden Lage bleibt und daran Worte der Zuversicht knüpft:

Das wahre Licht spricht leuchtend durch den Mund der Weisheit: Das alte Gesetz verließ die gebotenen Zeichen. Es hatte Überdruss am bloßen Anhören des Wortes und wollte keine Beschwerde haben. So erreichte es sein Ende.

Nun erhob sich die Kirche unter des Königs Fahne und hielt ganz reinen Blick auf dasselbe Gesetz. Es hatte keinen Überdruss, sondern ertrug gern Beschwerde. So sollst auch du tun, rechtschaffener Krieger! Und ferner: Wenn ein Mann, welcher in die Schlacht zieht, sein Heer herausführt und ein Mensch seine Fahne fallen lässt, hebt ein anderer, sehr tapferer Mann sie auf und trägt sie weiter. Deshalb liebt sein Herr ihn sehr und gibt ihm einen großen Lohn.

Also wird auch dir geschehen, wenn du an Christi Statt tüchtig und unverdrossen mit ihm Beschwerden erträgst. Dein Herz flammt in einem guten Streben zum Herrn auf. Nun aber kommt der Wirbelwind einer schädlichen Regung. Diesen wird jedoch der Heilige Geist von dir abwenden.

Die Straßen einiger Städte sind kotig, und die Schuhe der Leute sind voll faulenden Schmutzes. Die Gerechtigkeit ist durch die Ungerechtigkeit verdunkelt, und die Vorschriften des Gesetzes sind durch die Übertretung der Gebote Gottes verletzt. Darum sollen die Hirten Klagegeschrei erheben und sich mit Asche bestreuen[86], denn sie wollen nicht wissen, welches die festgefügten Stufen der Kirche sind. Das Haupt entbehrt der Augen, und den Füßen mangelt der Pfad. Denn die Missetaten der überfließenden Ungerechtigkeit der Menschen sind von der Hand Gottes noch nicht vollkommen gereinigt.

Gleichwohl werden die Übel nach nicht langer Zeit ein Ende nehmen. Und ein Licht, besser als das frühere, wird leuchten. Jetzt aber ist bei einigen Menschen das Herz in zwei Teile gespalten. Auf der einen Seite wollen sie mit Erhebung des eigenen Sinnes alles wissen; auf der anderen aber hassen sie den Fortschritt derer, welche auf dem rechten Pfad wandeln. Solche Leute plagt der überaus arge, teuflische Haufe, welche das Herz des Bösen genannt wird, aufs heftigste und in schädlicher Weise. Diese Gattung böser Geister wagt zwar nicht geradezu gegen das aufzutreten, was Gott aufgerichtet hat. Allein sie ver-

86 Zum Zeichen der Trauer und der Bereitschaft zur Umkehr und Buße.

kehrt alles auf eine befremdliche Weise, sodass sie, wie sie in ihrem Verderben wollen und erwählen, in ihrer eigenen Einschätzung gut und sogar heilig vor Gott heißen, das heißt, dass sie damit das Volk verhöhnen.

Allein, so wie von dieser Gattung deutlich Abstand genommen werden muss, wird sie auch mit Demut und Standhaftigkeit gläubiger Menschen vernichtet.
(Clarus II, S. 22–23)

Hildegard an Elisabeth von Schönau

Elisabeth (1129–1164) hatte manches mit Hildegard gemein: Auch sie stammte aus der Gegend am Mittelrhein, sie war also ihre Landsmännin, und entstammte einem adeligen Geschlecht. Auch sie übergaben die Eltern bereits als Kind in jungen Jahren zur Erziehung einem Kloster. Es handelte sich um das benediktinische Doppelkloster von Sankt Goarshausen am Rhein. Elisabeth wurde von Visionen heimgesucht, die von anhaltenden Krankheitszuständen begleitet waren. Dazu unterwarf sie sich einer strengen Askese, verbunden mit schädigenden Selbstkasteiungen. Aus diesem Grund war es aus ärztlichen wie aus seelsorgerlichen Erwägungen heraus erforderlich, dass die wesentlich ältere und wohl auch deutlich reifere Hildegard ihre Schwester im Geist zur Mäßigung aufforderte. Letztlich verfalle ein solcher in der Abstinenz und einer Art Selbstbestrafung maßlos gewordener Mensch der Macht des Teufels! – Elisabeth erreichte gerade nur die Lebensmitte. Auch sie war Äbtissin ihres kleinen Benediktinerinnenklosters. Vermutlich sorgten die äußeren psychopathologischen Züge ihres Lebens paradoxerweise dafür, dass Elisabeths Visionsberichte im Mittelalter gerade deshalb weiter verbreitet waren als die Hildegards. Doch mit Mystik haben derartige körperliche Phänomene nichts zu tun!

Hildegard grüßt Elisabeth! – In der wahren Vision habe ich folgende Worte gesehen und gehört:

O Tochter Gottes, die du mich armseliges Gebilde in der Liebe Gottes Mutter nennst, lerne die Klugheit anwenden, die im Himmel und auf Erden die Mutter aller Tugenden ist. Denn durch die Klugheit werden Seele und Leib regiert und in rechter Zucht geweidet. Wenn ein Mensch unter Bußseufzern seiner Sünden gedenkt, die er infolge der Einflüsterung des Teufels in Gedanken, Worten und Werken begangen hat, dann umfasse er die Mutter Klugheit, sei ihr untertänig und bessere seine Sünden in wahrer Demut und im Gehorsam gemäß dem Rate seiner Oberen. Wie nämlich durch unzeitigen Gewitterregen die Feldfrucht beschädigt wird und wie ein ungepflügter Acker nicht rechte Frucht, sondern Unkraut hervorbringt, ebenso schädigt ein Mensch, der sich mehr belastet, als sein Körper ertragen kann, die Werke der heiligen Klugheit und sich selbst. Er wird durch unkluge Kasteiung und Enthaltsamkeit untauglich für das geistliche Leben.

Wenn aber der schwärzeste Vogel, nämlich der Teufel, merkt, dass der Mensch von den unerlaubten Begierden und von seinen Sünden ablassen will, dann schleicht er sich in dessen Fasten, Gebet und Abstinenz ein, wie eine Schlange in eine Höhle, und flüstert ihm ein: „Deine Sünden können nicht getilgt werden, wenn du deinen Körper … so misshandelst, dass er ganz zugrunde geht."

Ein solcher Mensch lebt dann ohne Hoffnung und ohne Freude, wird oft ohnmächtig, fällt in schwere Krankheit, wird durch die Hinterlist des Teufels um das Verdienst der Heiligkeit gebracht und muss das, was er ohne Klugheit begonnen hat, unvollendet liegen lassen. So ist sein Ende schlechter als sein Anfang.

Auch der Mensch, der nach dem Beispiel Jesu Christi durch den Gehorsam gebunden ist, soll sich mit aller Sorgfalt davor hüten, dass er mit eigenwilligem Gutdünken etwas wählt und mehr auf sich selbst vertraut als auf den guten Rat anderer. Sonst wird er vom Hochmut, der vom Himmel stürzte[87], überwunden, weil er besser sein will als andere gute Menschen, weil er nur das für gut und heilig hält, was er von sich selbst aus festgesetzt hat.

Übrigens kann der Mensch schon aus sich selbst lernen, dass er seinem Eigenwillen nicht nachgeben soll. Er besteht ja selbst aus zwei Naturen, Körper und Geist, die einander widerstreiten, indem dem einen gefällt, was dem anderen missfällt. Da es also in seinem eigenen Inneren so aussieht, wie kann er in Bezug auf sein Seelenheil seinem Eigenwillen zustimmen, der doch des Körpers ist?

Der Mensch, der aus Gottesfurcht und Gottesliebe seinen Eigenwillen verachtet, sich in wahrer Demut den Vorschriften und Lehren der Ordensregel und seiner Oberen unterwirft, anderen das Beispiel guter Werke gebend, der macht sich selbst zu einem lebendigen Taber-

87 Anspielung auf den „Lichtengel" Luzifer, der als Verkörperung und Folge des Hochmuts angesehen wurde, und dessen Sturz.

nakel[88] im himmlischen Jerusalem; und auf ihm ruht der Heilige Geist.

Beachte diese Worte, o selige Seele, die du, wie der Hirsch zu den Wasserquellen[89], mit großer Unerschrockenheit schnell zum lebendigen Gott geeilt bist. Möge er, der gewaltigste König, dich in dieser Unerschrockenheit erhalten und dich glücklich zur ewigen Seligkeit geleiten! Amen. (Oehl, S. 129–130)

Elisabeth von Schönau an Hildegard

Die Tatsache, dass Hildegard drei Jahrzehnte älter als Elisabeth ist, erklärt die betont untertänige Anrede. Andererseits ist es für die jüngere Visionärin wichtig und hilfreich, dass sie sich der erfahreneren Mitschwester hinsichtlich ihrer eigenen Innenerlebnisse ratsuchend eröffnen kann. So bekommt man als Leser Einblick in die verborgenen Nöte derer, die ein inneres Leben führen und gerade deshalb erheblichen inneren wie auch äußeren Belastungen ausgesetzt sind. Es ist im Übrigen kein Geheimnis, dass auch und gerade Angehörige derselben Ordensgemeinschaft auf die inneren Nöte ihrer Mitgeschwister keinesfalls immer verständnisvoll und mitfühlend zu reagieren vermögen. Das bekommt auch Elisabeth in peinigender Weise zu verspüren. Da ist es für sie eine umso größere Hilfe, dass sie in der Schau von einem Engel besucht wird, dem sie sich anvertrauen kann.

---

88 Heiligtum; auch: Sakramentshäuschen in einer Kirche, in der die geweihten Hostien aufbewahrt werden.

89 Psalm 42,2.

Doch anders als viele Nonnen mit vergleichbaren Erlebnissen blieb Hildegard von ekstatischen Erscheinungen und Bewusstseinstrübungen offensichtlich verschont.

Der Herrin Hildegard, der verehrungswürdigen Oberin [*magistra*] der Christusbräute in Bingen, entbietet Elisabeth, eine demütige Nonne, mit aller Liebe ihre andächtigen Gebete.

Die Gnade und der Trost des Allerhöchsten mögen Euch mit Freude erfüllen, weil Ihr mit unserer Bestürzung Mitleid hattet, wie ich aus den Worten des Engels, meines Trösters, ersehen habe, den Ihr eifrig ermahntet, mich zu trösten. Wie ihr sagtet, was euch über mich geoffenbart worden ist, so habe ich jüngst – ich gestehe es – im Geiste eine Wolke der Verwirrung wahrgenommen, infolge der törichten Reden des Volkes, das vieles von mir spricht, was nicht wahr ist. Allein das Gerede der gewöhnlichen Leute wollte ich noch leicht ertragen, wenn nicht auch solche Personen, die im Ordensgewande einhergehen, meinen Geist noch bitterer betrübten. Denn auch diese verspotten – ich weiß nicht durch welche Stachel angetrieben – die Gnade Gottes in mir. Sie scheuen sich nicht, leichtfertig über das zu urteilen, was sie nicht verstehen.

Ich erfahre auch, dass gewisse Leute unter meinem Namen gefälschte Briefe umgehen lassen, die sie nach ihrem eigenen Geiste geschrieben haben. Man hat die Nachricht verbreitet, ich hätte über den Tag des Jüngsten Gerichts prophezeit. Das zu tun habe ich mir niemals angemaßt, weil seine Ankunft der Kenntnis aller Sterblichen entrückt ist. Aber ich will Euch den Anlass zu diesem Gerücht eröffnen, damit Ihr urteilen könnt, ob ich in dieser Sache irgendwie überheblich gehandelt oder gesprochen habe.

Wie Ihr durch andere gehört habt, hat der Herr sein Erbarmen mit mir über jedes Maß hinaus verherrlicht, das ich verdient habe oder je irgendwie verdienen könnte, und zwar so weit verherrlicht, dass er sich herabließ, mir öfter gewisse himmlische Geheimnisse zu offenbaren. Auch bezeichnete er mir häufig durch seinen Engel, was über sein Volk in diesen Tagen kommen werde, wenn sie nicht Buße täten über ihre Ungerechtigkeiten. Und er befahl mir, ich sollte dies öffentlich verkündigen. Ich aber strebte, soviel ich vermochte, alles zu verheimlichen, um den Anschein von Anmaßung zu vermeiden und nicht als Urheberin von Neuerungen zu erscheinen.

Elisabeth schildert dann ausführlich, wie der ihr nahestehende Engel in einer sonntäglichen Geistesentrückung geboten habe, nicht länger diese Zurückhaltung zu üben, sondern das ihr innerlich Gezeigte den betreffenden Menschen ihrer Umgebung gegenüber auszusprechen. Auch den Abt ihres Klosters zieht sie ins Vertrauen. Vor allem ist Elisabeth gehalten, sich der Wahrhaftigkeit und der Gottesnähe ihres Engels zu vergewissern, um in ihren von Ängsten und Leiden erfüllten Innenwahrnehmungen nicht einem Truggeist zu verfallen.

Es geschah aber am Mittwoch vor dem Ostertag, als ich nach großen körperlichen Leiden in Ekstase kam, da erschien mir der Engel des Herrn, und ich sprach zu ihm: „Herr, was wird aus dem Worte, das du zu mir geredet hast?" – Er antwortete: „Sei nicht traurig und beunruhige dich nicht, wenn meine Voraussagung nicht an dem von mir bestimmten Tage eintrifft ..." – Darauf am Freitag kam ich um die dritte Stunde unter schwerem Leiden in eine Geistesentrückung. Und wieder stand der Engel bei mir und sprach: „Der Herr hat die Betrübnis seines Volkes gesehen und den Zorn seiner Entrüstung von ihm abgewendet." Und ich sagte ihm: „Was also nun, mein Herr? Werde ich zum Gespött aller, bei denen jene Nachricht verbreitet worden ist?" Er sprach: „Alles, was dir aus diesem Anlass widerfährt, sollst du geduldig und freundlich ertragen. Halte dein Auge eifrig auf denjenigen gerichtet, der, obwohl er der Schöpfer des ganzen Erdkreises ist, den Hohn der Menschen ertragen hat. Jetzt prüft der Herr zum ersten Mal deine Geduld."

Seht, meine Herrin, ich habe Euch den ganzen Sachverhalt der Reihe nach dargelegt ... Ich flehe Euch an, dass Ihr mich auch an Euren Gebeten teilnehmen lasset und, je nachdem es Euch der Geist des Herrn eingibt, mir etliche Trostworte zurückschreibt. (Oehl, S. 130–135)

Hildegard an Elisabeth (II)

Ich armes Weib, ich zerbrechliches Gefäß spreche diese Worte nicht aus mir selbst, sondern aus dem klaren Lichte: Der Mensch ist ein Gefäß, das Gott für sich selbst gemacht hat und das er mit seinem Geist erfüllt, um seine Werke in ihm zu vollbringen ...

So, o Tochter Elisabeth, ändert sich die Welt. Darum ist es in dieser Zeit nötig, dass Gott einige Menschen mit seiner Gnade betaue, damit seine Werkzeuge nicht müßig seien.

Vernimm, o besorgte Tochter, dass jene Menschen, die die Eingebung Gottes also erfüllt, ein wenig durch die ehrgeizige Einflüsterung des alten Drachen gequält werden. Denn wenn dieser Drache einen köstlichen Edelstein erblickt, dann brüllt er auf: „Was ist das?“ – Er quält jene Seelen mit vielen Beschwerlichkeiten eines brennenden Herzens, das über die Wolken hinauszufliegen begehrt, als ob die Menschen Götter wären, wie er es selbst getan hat.

Nun höre ferner: Diejenigen, die Gottes Werke zu vollbringen verlangen, sollen stets darauf Acht haben, dass sie Gefäße von Ton sind, weil sie nur Menschen sind. Sie sollen stets das ansehen, was sie sind und was sie sein werden. Und das Himmlische sollen sie dem überlassen, der himmlisch ist. Sie leben noch in der irdischen Verbannung und wissen das Himmlische nicht, sondern verkünden die Geheimnisses Gottes nur wie die Trompete, welche bloß den Ton wiedergibt, aber nicht selbst wirkt. Vielmehr bläst ein anderer in sie, damit sie den Ton gebe ...

O Tochter, Gott mache dich zu einem Spiegel des Lebens! Auch ich, die ich im Kleinmut meines Geistes darniederliege, ich quäle mich überaus in Sorge und Furcht, wenn ich zuweilen durch das lebendige Licht ein wenig erklinge wie ein schwacher Trompetenton. Deshalb möge Gott mir helfen, dass ich in seinem Dienst ausharre. (Oehl, S. 135–136)

Elisabeth an Hildegard (II)

Zum Glück sind es nicht nur Trübsal und Sorgen, in denen sich die Schwestern ergehen. Zumindest hin und wieder äußert sich selbst Elisabeth von Schönau in freudiger Gestimmtheit. Hildegards Botschaft hat sie erwärmt und entflammt, und das darf sie nicht für sich behalten.

Freue dich mit mir, Herrin und ehrwürdige Tochter des ewigen Königs, weil der Finger Gottes in dir schreibt, auf dass du das Wort des Lebens verkündest. Selig bist du, und es wird dir immer wohl sein. Du bist das Instrument des Heiligen Geistes, denn deine Worte haben mich entzündet, wie wenn eine Flamme mein Herz berührt hätte; und ich brach in folgende Worte aus:

Meine Herrin Hildegard, mit Recht trägst du den Namen Hildegard[90], denn der Stachel Gottes wirkt gut in dir mit wunderbarer Tapferkeit, zur Erbauung seiner Kirche. Stärke dich im Heiligen Geist …

O Herrin Hildegard, vollbringe das Werk des Herrn, wie du es bis jetzt getan hast, denn der Herr setzte dich als Arbeiterin in seinen Weingarten. Der Weinberg des Herrn hat keinen Bebauer. Der Weinberg des Herrn geht zugrunde; das Haupt der Kirche ist krank, und die Glieder sind tot …

---

90 Im Althochdeutschen bedeutet *hilt,* Kampf, und *gard,* Schutz; etwa eine Frau, die im Kampf Schutz bietet. Auf einen solchen Aspekt in Namen und Wesen Hildegards – im Blick auf den Kampf um das Reich Gottes – hebt Elisabeth ab.

Die Kirche Gottes ist verdorrt und hat keinen Saft, sondern ist erkaltet in der Liebe Gottes. Ich muss immer wieder daran denken, dass mir oftmals in einer Vision erschien, wie Giftschlangen in die Kirche Gottes kommen würden, um sie heimlich zu zerfleischen. Ich verstehe jetzt, dass sich das auf diese Katharer[91] bezog, die die Kirche Gottes heimlich betrügen. Vertreibe sie, o Herr, unser Beschützer! (Oehl, S. 136–137)

Hildegard an die Nonnen von Zwiefalten

Die Rupertsberger Seherin versteht es, sich der bild- und gleichnishaften Rede zu bedienen, um die Aufmerksamkeit ihrer ersten Leserinnen und Leser zu gewinnen. Es ist grundsätzlich die ihr gemäße Weise, sich zu artikulieren. So mag man sich lebhaft vorstellen, wie die Oberin von Zwiefalten aus dem Brief der berühmten Äbtissin Hildegard vorliest und ihre Schwestern ihr gespannt zuhören: Ein vornehmer Mann, so heißt es da, der sich mit einer überaus reizvollen jungen Frau vermählt – ein Traum, warum nicht auch und gerade für eine Nonne, die sich im übertragenen Sinn als Braut Christi versteht? Dabei geht

91 Die Katharer stellten zu Lebzeiten von Hildegard und Elisabeth für die von Korruption und geistlicher Verarmung heimgesuchte Kirche samt ihrem Klerus eine Herausforderung dar. Es ist anzunehmen, dass die Ordensfrauen, auch Bernhard von Clairvaux und andere, ihren Blick insbesondere auf das damit verbundene Gefahrenpotenzial für Dogma und Glaubwürdigkeit der Kirchenchristen richteten. Das damit verbundene Phänomen hat viele Aspekte. Vgl. Arno Borst: Die Katharer. Stuttgart 1953; Freiburg 1991. – Malcolm Lambert. Häresie im Mittelalter. Darmstadt 2001. - Christoph Auffarth: Die Ketzer: Katharer, Waldenser und andere religiöse Bewegungen. München 2009.

es nicht um eine beliebige Mär oder Sage, ist es doch wieder und wieder jener, der sich offenbarend den Menschen zuwendet! Daher fällt es der Briefschreiberin nicht schwer, die Überleitung zu finden zur Brautschaft der eigenen Seele in der Verbindung mit dem himmlischen König.

Er, der alles sieht und dem nichts verborgen ist, spricht: Ein vornehmer Mann hatte sich unter größter Sorgfalt mit seiner Braut vermählt, die ein sehr schönes Angesicht und saphirgleiche Augen hatte. Ihre Gestalt war ebenmäßig und ohne irgendeine Verkrümmung oder Abweichung. Sie war schön in all ihrem Schmuck. Auch war sie sehr liebenswürdig in ihrem ganzen Benehmen und sie verstand, gut zu spielen auf der Zither und mit jeder Art von Musikinstrumenten.

Nun dürfen aber die Gedanken nicht abgleiten ins Menschlich-Allzumenschliche. Daher die Betonung:

Sie war so beschaffen, dass sie keine Beischläferin oder laszive Tänzerin im Kleide der Buhldirnen sein wollte, noch auch auf verschiedenen Plätzen umherschweifen und zum Gelächter der jungen Leute reden.

O Eitelkeit, o Unsauberkeit der Geschosse des Teufels, o Schande der Zuchtlosigkeit gewisser Mädchen, erzittere vor dieser Rede! Wenn ein weibliches Wesen der Verbindung mit einem Gatten ausweicht und Gott zuliebe mit keinem Mann vereinigt sein will, o wie großer Adel ist dann in ihr! Dann geziemt ihr die Verlobung mit dem himmlischen König, weil sie einen irdischen Mann verschmähte. Sie soll Gott umarmen und ihrem Herrn anhangen, weil sie keinen Mann hat.

Sie soll in dem Stand verharren, in dem Eva war, bevor Gott sie dem Adam zuführte. Damals schaute sie nicht auf Adam, sondern nur auf Gott. So soll die Frau tun, dass sie aus Liebe zu Gott den irdischen Mann verschmäht. Auf Gott möge sie schauen.

Aber wenn eine Frau, mit stärksten Waffen bewehrt, sich in das Gemach des himmlischen Königs begibt und den König selbst in süßer Liebe umarmt, ohne sich in sinnlicher Begierde dem Dienst der fleischlichen Lust hinzugeben, vielmehr den Blick ihres Geistes auf Gott richtet, dann muss sie gleich dem Adler in die Sonne schauen und gleich der Taube durch ihre Fenster. Sie muss denken und bestrebt sein, wie sie ihren Geist abwende vom Reichtum und Genuss der Welt und von der Verbindung mit einem irdischen Mann …

Nach wiederholten Aufforderungen, die bereits ausgesprochenen Mahnungen ernst zu nehmen, um für die Hochzeit mit dem himmlischen König frei zu sein, schließt Hildegard diesen Brief:

Nun also, du Schar, eile schnell zu deinem ersten und königlichen Verlöbnis mit deinem ersten und ursprünglichen Mann! Er selbst ruft dich. Bessere also und mache gut, worin du ihn beleidigt hast. Er wird dich aufnehmen in die ewige Erlösung, und du wirst leben.
(Oehl, S. 102–104)

Hildegard an Markgräfin Richardis von Stade

Es waren nicht nur so gebildete Mönche wie Volkmar oder Wiberg von Gembloux, die Hildegard als Sekretäre bei der Abfassung ihrer Schriften und Briefe behilflich waren. Nicht vergessen darf man Richardis von Stade, eine Verwandte von Jutta von Spanheim, die Hildegard freundschaftlich und helfend zur Seite gestanden hat; eine innige Frauenfreundschaft war zwischen beiden gewachsen. Es kam gelegentlich vor, dass die eine oder andere von Hildegards Schwestern dazu ausersehen wurde, andernorts als Äbtissin berufen zu werden. Das bedeutete natürlicherweise eine Trennung vom Rupertsberger Konvent.

Dieses Schicksal ereilte eines Tages auch Richardis, als Hildegard noch im Begriff war, ihr frühes Hauptwerk „Scivias" abzuschließen. Nun griff Hartwig, Richardis' leiblicher Bruder und Bischof von Bremen, ein. Er befürwortete die Wahl seiner Schwester zur Äbtissin der Ordensgemeinschaft in dem südlich von Bremen gelegenen Nonnenkloster Bassum. Für die Rupertsberger Magistra hätte diese Ernennung infolge der damit verbundenen Trennung der beiden Freundinnen nicht schmerzlicher sein können. Aus dem weiteren Briefwechsel ergibt sich, dass Richardis gleichfalls in inniger Liebe mit Hildegard verbunden war und das Abschiednehmen-Müssen von ihr beklagt hat. Ihrer Mutter, der Markgräfin Richardis von Stade, gegenüber vertritt Hildegard den Standpunkt, dass diese menschlich verständliche Entscheidung gewiss nicht dem Willen Gottes entspreche. Dabei liegt auf der

Hand, wie persönlich Hildegards Wunsch gewesen sein muss. Ebenso inständig wie nachdrücklich fleht sie die Mutter ihrer Freundin an:

Ich beschwöre und ermahne dich: Versetze meine Seele nicht so in Aufruhr, dass du mir bittere Tränen in die Augen treibst und mein Herz mit grausamen Wunden verletzt wegen meiner vielgeliebten Tochter Richardis ... Denn die Äbtissinnenwürde, die du für sie wünschst, ist sicher, sicher, ja sicher nicht von Gott, und sie gereicht auch den Seelen nicht zum Heil ... So du denn die Mutter dieser deiner Tochter bist, so hüte dich davor, das Verderben ihrer Seele zu sein, damit du nicht einst unter bitterem Wehklagen und Tränen deshalb Schmerz erleidest, weil du vorher keinen Schmerz erleiden wolltest. Gott erleuchte und kräftige deinen Sinn und deine Seele während der kurzen Zeitspanne, die dir noch zu leben bleibt. (Epistolarium III, S. 81–82)

Die dringliche Anrufung scheint kaum einer Steigerung fähig sein zu können. Fragen möchte man: Spricht hier die Stimme „des inneren Lichtes", auf das sich Hildegard in entscheidenden Augenblicken beruft, oder ist es nicht vielmehr die Stimme des liebenden Herzens, das den so schmerzlichen Verlust nicht hinnehmen will? – Aber da ist der Würfel über Richardis' Verbleib bereits gefallen. Die von anderen getroffene Entscheidung lässt sich nicht mehr rückgängig machen. Hinzu tritt noch ein anderes, einschneidendes Ereignis. Denn nicht lange nachdem sich Richardis nach Norden aufgemacht hat, um ihrer Bestimmung als Äbtissin von Bassum zu folgen, trifft ein Brief ihres Bruders, des Bremer Erzbischofs, auf dem Rupertsberg ein, der eine besonders schmerzliche Nachricht zum Inhalt hat.

Erzbischof Hartwig von Bremen an Hildegard

Hartwig, Erzbischof von Bremen und Bruder der Äbtissin Richardis, entbietet an Hildegard, in Christus Oberin zum Sankt Rupertusberg, die ihm an Schwester Statt, ja mehr als Schwester ist, seine Ergebenheit.

Ich teile dir mit, dass unsere Schwester, meine und auch deine Schwester – die meine dem Leibe nach, die deine dem Geiste nach – den Weg allen Fleisches gegangen ist und die Ehre, die ich ihr verschafft hatte, gering geschätzt hat ... Sie hat heilig und fromm gebeichtet und ist nach der Beichte mit dem heiligen Öle gesalbt worden, in voller Erfüllung christlicher Sitte. Unter Tränen sehnte sie sich von ganzem Herzen nach deinem Kloster. Sie empfahl sich dem Herrn durch seine Mutter und durch Johannes, bezeichnete sich dreimal mit dem Kreuzeszeichen, bekannte die Dreifaltigkeit und Einheit Gottes und starb; wir sind dessen sicher: in vollkommenem Glauben, in Hoffnung und Liebe. Es geschah am 29. Oktober [1152].

Und nun, wenn ich dessen würdig bin, bitte ich dich, so sehr ich nur kann, du mögest sie lieb behalten, wie sie auch dich lieb gehabt hat. Und sollte sie in etwas gefehlt zu haben scheinen, so berücksichtige wenigstens, dass der Fehltritt nicht ihr, sondern mir zur Last fällt, ob ihrer vielen Tränen, die sie wegen ihres Weggangs aus deinem Kloster vergossen hat, was viele Zeugen bestätigen können. Hätte sie nicht der Tod gehindert, so wäre sie sofort nach erhaltener Erlaubnis zu dir gekommen. Und da sie nun durch den Tod abgehalten worden ist, so wisse, dass ich an ihrer Statt kommen werde, wenn es Gott gefällt.

Gott aber, der Vergelter alles Guten, wolle dich hier und künftig in der Ewigkeit nach all deinem Verlangen belohnen für das Gute, das du, einzig unter allen und vor allen, sowohl Anverwandten als Freunden, ihr erwiesen hast und wofür sie Gott und mir dankte. Auch deinen Schwestern sage Dank für alle ihre Wohltaten!
(Oehl, S. 67–68)

Hildegards Antwort

Ausführlich und anrührend erwidert sie. Das Schreiben mit dem Geständnis der wechselseitigen Liebe gehört zweifellos zu den schönsten Briefen, die wir von Hildegard besitzen. Dabei will bedacht sein, wie die Schreiberin den Angesprochenen im großen Schöpfungsorganismus wie im Heilsgeschehen mit dem himmlischen Jerusalem verbunden sieht, sodass der Mensch befähigt ist, mit Gott in unmittelbare Verbindung zu treten, ja ihn zu berühren. So sind Weltwerdung und die in der Apokalypse geschaute Vollendung zusammengefügt. In diesen großen Zusammenhang der „Umarmungen der Gottesliebe“ sieht Hildegard den Menschen hineingestellt, so auch den Empfänger ihres Briefes. Man kann den Eindruck gewinnen, dass sie die freundschaftliche Zuneigung, die sie mit Richardis verbunden hat, nun auf deren Bruder überträgt.

Er, der dich am ersten Tage sah und der dir mit den fliegenden Federn aller Kreatur Augen zum Schauen gab; er, der den Menschen zum Spiegel in der Fülle aller seiner Wunder machte, auf dass das Wissen Gottes in ihm leuchte, wie geschrieben steht: „Weil ihr Götter seid und Söhne des Höchsten" – er möge auch dich schauen und dich nach seinem Willen lenken!

Der Mensch berührt Gott, der weder Anfang noch Ende hat, wenn die Vernunft im Menschen Gott nachahmt und die Erkenntnis des Guten und des Bösen Gott offenbart. So ist das Rad der Ewigkeit. Gott selbst möge auch bewirken, dass du jenes Böse fliehest, das am ersten Tage begann, des guten Willens entbehrt und Gott allezeit widerspricht.

Er möge dir auch Fenster eröffnen, welche das himmlische Jerusalem hereinleuchten lassen, dessen schöne Gebäude Tugenden sind. Er möge dich fliegen lassen in die Umarmungen der Liebe Gottes, wie jener sprach, den Gott ganz durchströmt hatte: „Wer sind die, welche wie Wolken daherfliegen und wie Tauben zu ihren Gittern?"

Und ferner: Ich armseliges Gebilde erblickte in dir das Licht der Erlösung. Nun erfülle die Gebote Gottes, welche seine Gnade dir gibt und der Heilige Geist dich lehrt! Aber im Geiste der mystischen Gabe sage ich dir auch: Du bist die preiswürdige Person, welche dem Menschen notwendig ist. Du hast im höchsten Gott eine Nachfolge, nämlich dein hohepriesterliches Amt. Deshalb soll dein Auge auf Gott sehen, dein Sinn seine Gerechtigkeit erkennen und dein Herz in der Liebe Gottes heftig entbrennen, auf dass deine Seele nicht ermatte, sondern in höchstem Eifer dabei verharre, den Turm des himmlischen Jerusalem aufzubauen.

Gott gebe dir dazu eine Helferin, nämlich die süßeste Mutter Barmherzigkeit! Du sollst auch ein glänzender Stern sein, der da glänzt in der Finsternis der Nächte böser Menschen. Du sollst sein der behende Hirsch, der zur Quelle lebendigen Wassers eilt! Schau, wie in dieser Zeit viele Hirten sind: blind, lahm und Räuber des Geldes, das sie zum Tode führt. Schau, wie sie die Gerechtigkeit Gottes ersticken! Allein Gott, der alles weiß, er weiß auch, wo die Hirtensorge nützlich ist. Darum soll ein gläubiger Mensch nicht begierig umhergehen und nach einem Prälatenrange …

Deshalb sage ich dir im Geist: O welch großes Wunder ist das Seelenheil jener Männer, welche ohne Simonie[92] zu einer hohen geistlichen Würde gelangt sind. Auf ihnen ruht Gottes Auge, weil seine Herrlichkeit in ihnen nicht verschattet wird. Gott wirkt in ihnen wie ein tapferer Streiter, der darauf bedacht ist, von niemandem überwunden zu werden, sondern eines dauerhaften Sieges gewiss zu sein.

Nach dieser weit ausholdenden Intonation kommt Hildegard auf die Innigkeit ihrer Liebe zu Richardis zu sprechen. Dabei schlägt sie – bei ihr selten genug –, wenn auch nur für einen Moment, Töne an, leise Anklänge an das Hohelied Salomonis, die an poetisch-zarte Zeugnisse der

92 Gemeint ist der Kauf kirchlicher Ämter und Würden samt den damit verbundenen Pfründen. Vgl. Anmerkung 80.

mittelalterlichen Minnemystik erinnern, wie wir sie beispielsweise von Mechthild von Magdeburg und von anderen Frauen kennen. Dabei lässt Hildegard einen Schatten auf die adelige Abkunft fallen, die, wie jeder unter Menschen geltende Ruhm, angesichts der himmlischen Berufung eher hinderlich sein kann.

Nun höre! Also geschah es bei meiner Tochter Richardis, die ich meine Tochter nenne, weil in meiner Seele volle Liebe zu ihr war. Denn das lebendige Licht belehrte mich in einer überaus starken Vision, sie zu lieben.

Höre: Gott erhielt in ihr diesen Eifer, weil die Lust der Welt sie nicht ergreifen konnte. Vielmehr kämpfte sie wider diese, obwohl sie selbst wie eine Blume in der Schönheit, in der Zierde und im Wohllaut dieser Welt erschien. Als sie noch im Leibe lebte, hörte ich in einer wahren Vision, wie von ihr gesagt ward: „O Jungfräulichkeit, du stehst in einem königlichen Brautgemach!" In ihrer Jungfräulichkeit hat Richardis am heiligsten Orden eine Genossenschaft, worüber sich die Töchter Zions freuen.

Die alte Schlange aber wollte sie von der Ehre der Seligen abziehen durch den hohen Adel, den sie als Mensch von ihren Vorfahren hatte. Jedoch der höchste Richter nahm diese meine Tochter zu sich und schnitt ihr damit allen menschlichen Ruhm ab. Das ist es, weshalb meine Seele großes Vertrauen in Bezug auf sie hat. Die Welt hat nur ihre schöne Gestalt und ihre Klugheit geliebt, solange sie im Leibe lebte. Gott aber liebte sie noch mehr. Und deshalb wollte er seine Freundin nicht ihrem feindlichen Liebhaber, nämlich der Welt, überlassen.

Nun aber erfülle du, mein Lieber, der du an Christi Statt sitzest, den Willen der Seele deiner Schwester, weil die Notwendigkeit des Gehorsams das verlangt. Und wie sie selbst stets besorgt um dich war, so sei du es nun auch um ihre Seele und verrichte gute Werke, ihrem Eifer entsprechend. Deshalb werfe auch ich den Schmerz aus meinem Herzen, den du mir in dieser meiner Tochter [mit der Todesnachricht] zugefügt hast. Gott möge dir auf die Fürbitte seiner Heiligen hienieden den Tau seiner Gnade verleihen und in der künftigen Welt den Lohn der Seligkeit! (Oehl, S. 68–70)

Schlussbemerkung

Obgleich mit guten Gründen darauf hingewiesen wird, dass Hildegard von Bingen, die vom Schöpfungswerk Gottes begeisterte Seherin, nicht leichthin den Gestalten zuzurechnen ist, mit denen man die mittelalterliche Frauenmystik zu bezeichnen pflegt, so bereichert sie doch die weibliche Spiritualität in ihrer Eigenart und Vielgestalt in hohem Maß. Das rührt letztlich daher, dass Frauen über ihre eigene Art des Erlebens und des Wirkens verfügen. Das wird aber oft vergessen, wenn von Mystik die Rede ist, oder anders: wenn Männer von „der" Mystik sprechen, als existierte ein solches, vom Mann- und Frausein unabhängiges Abstraktum.

Wird Spiritualität als „Leben aus dem Geist" begriffen, dann ist mitzubedenken, dass Geist, nämlich der die Wirklichkeit durchdringende Geist, hebr. „ruach" (also weiblich), eine ihm bzw. ihr gemäße Konnotation hat, die nicht verwischt werden darf.[93] *Seit dem Apostel Paulus dominiert in der von Rom und Ostrom hierarchisch beherrschten Kirche freilich die Vorstellung von der Zu- oder Unterordnung der Frau. Die realen Tatsachen sind in ihren Auswirkungen nur zu bekannt! Dieser Einschätzung sah sich auch eine so selbstbewusste Ordensfrau wie Hildegard unterworfen. Sie fügte sich widerspruchslos darein. Und oft genug bringt sie mit allerlei Demutsgesten zum Ausdruck, dass sie sich in diesem Sinn als „armseliges Frauengebilde“ betrachtet, obwohl sie sich gleichzeitig „Braut des himmlischen Königs“ nennen und als solche begreifen darf.*

So sei wenigstens abschließend dieser Gesichtspunkt zur Geltung gebracht. Kompetenterweise macht Ingrid Riedel, evangelische Theologin und Psychotherapeutin, mit dem Hinweis darauf aufmerksam: „Frauen haben eine eigene Weise, das Ganze intuitiv und imaginativ zu erfassen und dabei das Einzelne nicht aus dem Blick zu verlieren. Mag es daher rühren, dass sich die Frau seit jeher auf die Ganzheit kleiner Menschenkinder noch im vorsprachlichen Stadium einzustellen wusste und von daher ihre beiden Gehirnhälften, wie man heute nachweisen kann, in fast allen Lebensbereichen noch enger zusammenzuarbeiten lernten … Es hat sich jedenfalls eine eigene weibliche Weise herausgebildet, die Dinge, das Leben als Ganzes zu sehen und zu verstehen.“[94] *Bei Hilde-*

---

93 Gerhard Wehr: Zu einer geschlechtsspezifischen Frömmigkeit, in: Hermann Schoenauer (Hg.): Spiritualität und innovative Unternehmensführung. Stuttgart 2011, S. 202–216, besonders S. 210.

94 Ingrid Riedel: Mystik des Herzens. Meisterinnen innerer Freiheit. Freiburg 2010, S. 7.

gard, der „großen Frau des 12. Jahrhunderts", sei der Zugang zu diesem großen Ganzen über intuitive Schau, in der Imagination, Vision und Audition ineinander übergehen, in beispielgebender Weise geschehen. Allein schon das ist Rechtfertigung genug, sich mit Blick auf die Benediktinerin vom Rupertsberg diese Tatsache zu vergegenwärtigen und sich auf diese Erlebnismöglichkeiten einzustellen.[95]

95 Zur frauenbezogenen Spiritualität Hildegards von Bingen, speziell Elisabeth Gössmann: Die Frau ist gleichsam das Haus der Weisheit, in: „Eine Höhe, über die nichts geht" – Frauenmystik. Hg. Margot Schmit u.a.. Stuttgart-Bad Cannstatt 1986, S. 1–18.

IV. Stimmen und Zeugnisse zu Hildegard

Ildefons Herwegen 1928

Die heilige Hildegard nimmt in der geistesgeschichtlichen Entwicklung eine ungewöhnlich hervorragende Stellung ein, uraltes, ererbtes Wissensgut der Menschheit hütend und dessen unvergänglichen Wert auch für eine ferne Zeit ahnend. Für Hildegard, die rein religiöse Frau, musste alles Denken und geistige Streben weit über die Grenzen der sichtbaren Natur hinausführen. Auch ihr war „alles Vergängliche ein Gleichnis". Aus ihrer seelischen Struktur, für die sich alles Zusammenhängende der verschiedenen Schöpfungsbereiche mühelos in die organische Einheit einer großen Gottesidee einordnen lässt, erblüht auch ihre theologische Spekulation, ihre mystische Schau.

Maura Böckeler 1954

Nicht die mystische Begnadung einer Einzelseele – ihrer eigenen Seele – ist die frohe Botschaft, die Hildegard zu künden hat, sondern die Begnadung, die von den ewigen Urgründen der Liebe her das ganze Menschengeschlecht umfasst.

Josef Sudbrack 1979

Hildegard von Bingen ist eine Ausnahmegestalt der Geschichte … Selbst an heutigen Maßstäben der Emanzipation gemessen ist es außerordentlich, wie Hildegard von Bingen aus dieser großen Zeit herausragte, wie sie zur „prophetissa teutonica" wurde. Es gibt in der gesamten Geschichte der Christenheit – und weit darüber hinaus – kaum eine Frau und wohl auch keinen Mann, der so unangefochten und so allgemein als prophetischer Sprecher anerkannt war.

Gerd-Klaus Kaltenbrunner 1979

So befremdlich Weltbild und Bilderwelt der Hildegard von Bingen, dieser Zeitgenossin Friedrich Barbarossas, Bernhards von Clairvaux und Ottos von Freising, der Kreuzzüge, des Kampfes zwischen Kaiser und Papst, uns nach achthundert Jahren auch sein mögen, so tiefsinnig und bedenkenswert ist angesichts eines zu technikfeindlichem Eifer entarteten Ökologismus ihr visionäres Bild vom „Kosmos Mensch". In ihm sind alle Wunder der Welt geheimnisvoll zusammengefasst.

Heinrich Schipperges 1981

Hildegard sieht Mensch und Welt, Leib und Seele, Natur und Gnade nie als isolierbare Phänomene, sondern immer und überall in der Verknüpfung eines Zusammenhanges der Erscheinungen, in dem also, was Goethe „Theorie“ genannt hat. Eine solche Theorie aber bietet immer nur eine Gesamtschau von Welt, wobei die anthropologischen Dimensionen jederzeit weit in die kosmologischen Horizonte hineinragen und damit in das, was wir heute das ökologische Bezugssystem nennen würden.

Elisabeth Gössmann 1986

Hildegard lebt vorbehaltlos aus dem christlichen Glauben und atmet in seiner Symbolwelt, aber sie ist nicht unkritisch der zeitgenössischen Schultheologie gegenüber … Bei aller scharfen Zeitkritik bezieht Hildegard eine große Sicherheit und Ruhe durch ihr so geartetes Weltverständnis, während wir es heute bei gewandeltem und geweitetem Weltbild noch kaum gelernt haben, uns in unserem Kosmos zurechtzufinden … Fast könnte man sie beneiden um diese kosmische Spiritualität, wie sie uns Heutigen wohl nicht mehr ohne Weiteres möglich ist.

Bernard McGinn 1996

Hildegard steht an der Schwelle eines neuen Zeitalters. Ihre Stimme ist die einer Theologin, aber weniger einer mystischen denn einer prophetischen Lehrerin – wahrlich: die „Sibylle vom Rhein".

Walter Nigg 1996

Vor allem war Hildegard eine Frau. Sie lebte lange vor der Gleichberechtigung der Geschlechter … Sie erhob, da die Frau zum Schweigen verurteilt war, ihre Stimme, mochte dies nun der damaligen Vorstellungswelt entsprechen oder nicht.

Kurt Flasch 2006

Die Gedanken Gottes, die sie mitteilte, kann man alle in Mönchsbüchern lesen, aber sie trug sie vor in einer neuen, einheitlichen Zusammenstellung, die man fast „systematisch" nennen könnte. Sie ging das Ganze des gegenwärtigen Lebens durch und wandte es auf das Ganze des gegenwärtigen Lebens an. Dem lag ein Wille zur Vereinheitlichung zugrunde, der mit dem der großen theologischen Zeitgenossen vergleichbar war.

Ingrid Riedel 2010

Hildegards Spiritualität gründet und vermittelt sich in bildhaft-symbolischer Schau und der entsprechenden Sprache, im Unterschied zu solcher Spiritualität, die Imagination und Bild geradezu zu überwinden sucht – ich denke dabei an die zen-buddhistische Spiritualität, aber auch diejenige Meister Eckharts.

V. Zeittafel

1098 Hildegard von Bingen wird als letztes von zehn Kindern des Edelfreien Hildebert und seiner Ehefrau Mechthild in Bermersheim bei Alzey in der Rheinpfalz geboren.
Papst Urban II. ruft zum ersten Kreuzzug ins Heilige Land auf.

1106 Hildegard wird zur Erziehung und Einführung ins geistliche Leben der Klausnerin Jutta von Spanheim (1090–1136) anvertraut. Die Klause befindet sich neben dem Benediktinerkloster auf dem Disibodenberg an der Nahe bei Kreuznach.

1112/15 Von Bischof Otto von Bamberg empfängt Hildegard den Schleier; sie wird Benediktinerin.

1136 Tod Juttas von Spanheim. Hildegard wird als deren Nachfolgerin *(magistra)* von der Gemeinschaft der Ordensfrauen zur Äbtissin gewählt, die sich auf dem Disibodenberg gebildet hatte.

1141 Hildegard empfängt den Auftrag, ihre seit ihrer Kindheit erlebten Visionen aufzuzeichnen.
Mit Unterstützung des Mönchs Volmar und der Nonne Richardis von Stade entsteht bis 1151 in lateinischer Fassung das erste Werk „Scivias – Wisse die Wege des Herrn“.

1147 Auf der Trierer Synode wird ihr im Beisein von Papst Eugen III. ihre Sehergabe als mit dem Dogma der Kirche vereinbar bestätigt.

1147/50 entsteht das Kloster auf dem Rupertsberg bei Bingen.

1150 Hildegard besiedelt mit einer Gruppe von Benediktinerinnen das Rupertsberger Kloster, wo im darauffolgenden Jahr das Buch „Scivias“ seinen Abschluss findet.

1151/58 Es entstehen die natur- und heilkundlichen Lehrschriften „Physica“ (Naturkunde) und „Causa et curae“ (Heilkunde).

1158/63 „Liber vitae meritorum“ (Buch der Lebensvergeltung).

1160 Hildegard tritt von Mainz aus ihre erste Predigtreise an. Sie führt mainaufwärts nach Wertheim, Würzburg und Bamberg, sowie in das Steigerwald-Kloster nach Ebrach. – Zweite Reise über Trier nach Metz.

1161/63 Dritte Predigtreise geht über Boppard, Andernach, Siegburg nach Köln und Werden an der Ruhr.

1163 Kaiser Friedrich I. Barbarossa stellt eine Schutzurkunde für das Rupertsberger Kloster aus.

1163/73 Abfassung von „Liber divinorum operum“ (Buch der Gotteswerke).

Um 1165 Gründung des Filialklosters in Eibingen – am Ort des heutigen Hildegard-Klosters – oberhalb von Rüdesheim.

1170 Vierte Predigtreise führt südwärts ins Württembergische, nach Maulbronn, Hirsau, Kirchheim unter Teck und Kloster Zwiefalten.

1174 Der Mönch Gottfried vom Disibodenberg beginnt mit der Niederschrift der „Vita" Hildegardis.

1178 Ein Konflikt mit dem Bischof von Mainz wegen einer angeblich nicht rechtmäßigen Bestattung auf dem Rupertsberg führt zur zeitweiligen Verhängung des Interdikts über das Kloster.

1179 Am 17. September stirbt Hildegard in ihrem Kloster auf dem Rupertsberg bei Bingen.

1297 Papst Gregor IX. leitet den Heiligsprechungsprozess ein, der sich jedoch aus einer Reihe von angeblichen Formfehlern verzögert. Unklar ist der kirchenrechtlich gesicherte Vollzug der Heiligsprechung.

1631 Die Gebeine der Heiligen werden während des Dreißigjährigen Kriegs vom Rupertsberg zunächst nach Köln, dann 1636 zur weiteren Aufbewahrung in die Klosterkirche von Eibingen gebracht.

VI. Literatur

Benutzte Werkausgaben

Leben und Schriften der hl. Hildegard. Hg. Ludwig Clarus. 2 Bde. Regensburg 1854. (Kurzzitation: Clarus I bzw. II mit Seitenangabe)

Deutsche Mystikerbriefe des Mittelalters 1100–1550. Hg. Wilhelm Oehl. München 1931; Darmstadt 1872. (Kurzzitation: Oehl, mit Seitenangabe)

Hildegardis Scivias, hg. von Adelgundis Führkötter, unter Mitarbeit von Angela Carlevaris (Corpus Christianourm, Continuatio medievalis XLIII bzw. XLIII A). Turnholt 1978 (Kurzzitation: Scivias mit Seitenangabe)

Hildegardis Bingensis: Epistolarium. Pars III, hg. von L. van Acker und M. Klaes-Hochmöller (Corpus Christianorum, Continuatio mediaevalis XCI B). Turnholt 2001 (Kurzzitation: Epistolarium mit Seitenangabe)

Hildegard von Bingen: Lieder. Lateinisch und Deutsch. Aus dem Lateinischen neu übersetzt von Bruno Kern. Wiesbaden 2009 (Kurzzitation: Lieder mit Seitenangabe)

Weitere zitierte Quellentexte

Der heiligen Hildegard von Bingen Wisse die Wege – *Scivias.* Übertragen und überarbeitet von Maura Böckeler. Salzburg 1976 (Neuauflagen).

Welt und Mensch – Das Buch *De operatione Dei.* Übersetzt und erläutert von Heinrich Schipperges. Salzburg 1965.

Der Mensch in der Verantwortung. Das Buch der Lebensverdienste – *Liber Vitae Meritorum.* Übersetzt von Heinrich Schipperges. Salzburg 1957.

Das Buch von dem Grund und Wesen und der Heilung der Krankheiten. Übersetzt von Heinrich Schipperges. Salzburg 1957.

Das Buch von dem inneren Wesen der verschiedenen Naturen in der Schöpfung. Übersetzt von Peter Riethe. Salzburg 1959.

Briefwechsel. Übersetzt und erläutert von Adelgundis Führkötter. Salzburg 1965.

Hildegard von Bingen. Gotteserfahrung und Weg in die Welt. Hg. Heinrich Schipperges. Olten-Freiburg 1979.

Sekundärliteratur

Angenendt, Arnold: Geschichte der Religiosität im Mittelalter. Darmstadt 1997.

Benz, Ernst: Die Vision. Erfahrungsformen und Bilderwelt. Stuttgart 1969.

Breindl, Ellen: Das große Gesundheitsbuch der Hl. Hildegard von Bingen. Leben und Wirken ... Ratschläge und Rezepte für ein gesundes Leben. Aschaffenburg 1983.

Clausberg, Karl: Kosmische Visionen. Mystische Weltbilder von Hildegard von Bingen bis heute. Köln 1980.

Diers, Michaela: Hildegard von Bingen. München 1998.

Dinzelbacher, Peter (Hg.): Mittelalterliche Visionsliteratur. Eine Anthologie. Darmstadt 1989.

Dinzelbacher, P. / Bauer, D.R. (Hg.): Frauenmystik im Mittelalter. Ostfildern 1985.

– Religiöse Frauenbewegung und mystische Frömmigkeit im Mittelalter. Köln, Wien 1988.

Ennen, Edith: Frauen im Mittelalter. 3. revid. Auflage München 1987.

Flasch, Kurt: Das philosophische Denken im Mittelalter. 2. revid. Aufl. Stuttgart 2006.

Führkötter, Adelgundis: Hildegard von Bingen. Salzburg 1979.

Gössmann, Elisabeth: Hildegard von Bingen, in: Gestalten der Kirchengeschichte. Mittelalter I. Hg. Martin Greschat. Stuttgart 1983, S. 224–237.

– Zur frauenbezogenen Spiritualität Hildegards von Bingen, in: „Eine Höhe, über die nichts geht". Spezielle Glaubenserfahrung in der Frauenmystik?. Hg. Margot Schmidt und Dieter R. Bauer: Stuttgart-Bad Cannstatt 1986, S. 1–18.

Gronau, Eduard: Hildegard von Bingen 1098–1179. Prophetische Lehrerin der Kirche an der Schwelle und am Ende der Neuzeit. Stein am Rhein. 1985.

Grundmann, Herbert: Religiöse Bewegungen im Mittelalter. (1935). Darmstadt 1961.

Hertzka, Gottfried: So heilt Gott. Die Medizin der hl. Hildegard von Bingen. Stein am Rhein 1970.

Jedin, Hubert (Hg.): Die mittelalterliche Kirche. (Handbuch der Kirchengeschichte, Band III/2). Freiburg 1968.

Kastinger Riley, Helene M.: Hildegard von Bingen. Reinbek 1997.

Kern, Udo: Hildegard von Bingen, in: Theologische Realenzyklopädie (TRE), Band XV, Berlin 1986, S. 322–326.

Lauter, Werner: Hildegard-Bibliographie. Wegweiser zur Hildegard-Literatur. Alzey 1970.

McGinn, Bernard u.a. (Hg.): Geschichte der christlichen Spiritualität. I. Band: Von den Anfängen bis zum 12. Jahrhundert. Würzburg 1993.

– Die Mystik im Abendland. Band 2: Entfaltung. Freiburg 1996.

Müller, Irmgard: Die pflanzlichen Heilmittel bei Hildegard von Bingen. Freiburg 1993.

Raitt, Jill (Hg.): Geschichte der christlichen Spiritualität. 2. Band. Hochmittelalter und Reformation. Würzburg 1995.

Riedel, Ingrid: Hildegard von Bingen. Prophetin der kosmischen Weisheit. Stuttgart 2005.

– Mystik des Herzens. Meisterinnen innerer Freiheit. Freiburg 2010.

Schipperges, Heinrich: Hildegard von Bingen. Geheimnis der Liebe. Olten 1957.

– Hildegard von Bingen. Ein Zeichen für unsere Zeit. Frankfurt 1981.

– Kosmische Grunderfahrungen mittelalterlicher Heilkunde, in: Religiöse Grunderfahrungen, hg. Walter Strolz. Freiburg 1975, S. 112–141.

Schrader, Marianna: Die Herkunft der heiligen Hildegard. Mainz 1981.

Termolen, Rosel: Hildegard von Bingen. Biographie. Augsburg 1989.

Thiele, Johannes (Hg.): Mein Herz schmilzt wie Eis am Feuer. Die religiöse Frauenbewegung des Mittelalters in Porträts. 1988.

Wehr, Gerhard: Christliche Mystiker. Von Paulus und Johannes bis Simone Weil und Dag Hammarskjöld. Regensburg 2008.